FOREX

PARA PRINCIPIANTES AMBICIOSOS

JELLE PETERS

UNA GUÍA PARA EL COMERCIO EXITOSO DE DIVISAS

ODYSSEA PUBLISHING

FOREX PARA PRINCIPIANTES AMBICIOSOS

© 2017 Odyssea Publishing

ISBN 978-90-825063-4-1

www.forexinfo.es

Diseño de la portada y maquetación: ePUB Pro, Utrecht, Países Bajos. www.epubpro.nl

Diseño: Daria Lacy

Traducción: Ana María Cuesta

Primera edición, abril de 2017

ÍNDICE

ÍNDICE

CÓMO CONVERTIRSE EN UN OPERADOR DE FOREX DE ÉXITO

INTRODUCCIÓN

El mercado de divisas, también conocido como mercado Forex (en inglés foreign exchange), FX o mercado cambiario, ha sido el mercado financiero que ha experimentado el crecimiento más rápido de las dos últimas décadas y seguramente también uno de los más interesantes. Desde el año 2000, el valor diario de las transacciones en el mercado Forex ha crecido de 1,7 billónes de dólares, a 5,1 billónes de dólares en 2016. Esto equivaldría a unos 5.100 mil millónes de dólares por día. A modo de comparación, baste con mirar el volumen promedio diario de la Bolsa de Valores de Nueva York, el mercado bursátil más importante del mundo, que en 2013 ascendió a 169 mil millones de dólares diario o, en otras palabras, solamente una fracción del mercado Forex.

Hay varios factores que han contribuido al incremento de la popularidad del intercambio de divisas:

1. Internet: El hecho de que el intercambio de divisas haya crecido exponencialmente durante la pasada década no es una casualidad. Gracias al gran crecimiento en el número de conexiones de banda ancha, muchos usuarios individuales son capaces de utilizar ahora esa clase de plataformas de comercio en línea que antiguamente solo estaban a disposición de los operadores profesionales que trabajaban en las salas de los mercados.
2. Una predisposición mayor a tomar riesgos. Esta nueva generación de operadores se siente más cómoda tomando riesgos para aumentar sus oportunidades de obtener ganancias y también para recuperar sus inversiones más deprisa.
3. Bajo coste inicial. El juego del intercambio de divisas está abierto incluso para personas que solo dispongan de un par de cientos de dólares para operar. ¡Prueba a abrir una cuenta patrimonial en tu banco con tan solo 100 dólares!
4. Bajo coste de operación. Operar con divisas es mucho, pero mucho más barato que operar con acciones. Los brókers del cambio de divisas no cargan comisión, sino el spread o horquilla (el diferencial entre el precio de compra y el precio de venta) varía, lo que hace que la propuesta resulte particularmente interesante para operadores pequeños.
5. Gratificación instantánea. 'Ahora' es la nueva palabra mágica en el mercado del cambio, al igual que en todo lo demás. El mercado Forex está abierto casi las 24 horas del día y cinco días a la semana, por lo que cuenta con unas condiciones mucho mejores para satisfacer a la generación del 'lo quiero ahora' que los mercados de valores, que solo están abiertos un par de horas al día. La gente no quiere depender más de los horarios de apertura, ni esperar a que se presenten oportunidades de inversión que solo llegan una o dos veces por mes.

Ahora bien, lo más probable es que a estas alturas hayas escuchado ya algunas leyendas acerca de lo fácil que resulta conseguir dinero operando en el mercado Forex. Quizás te hayan contado una historia sobre un operador principiante como tú, que empezó con tan solo un par de cientos de dólares y que con tal o cual sencilla estrategia, consiguió ganar decenas de miles de dólares de beneficio en tan solo unos pocos meses.

Por supuesto, eso no va a suceder.

No es que quiera acabar con tus ilusiones, pero es preferible que comiences con los pies bien plantados sobre la tierra mientras avanzas en tu camino hacia la riqueza, sin que nadie te llene la cabeza con fantasías y ilusiones. Esto último solo serviría para que te llevaras una decepción innecesaria. Sí, es cierto, por cada estrategia de intercambio hay un idiota feliz que hizo fortuna utilizándola. Esta clase de suerte es la que suele funcionar en la lotería. Como has comprado este libro, quiero entender que no estás interesado en los pros y los contras de la lotería (una mala inversión, por cierto), sino en aprender sobre cómo ganar dinero de un modo consistente con el intercambio de divisas y 'consistente', es un término que nunca se ha llevado bien con la 'suerte'.

Por lo tanto, debes ser consciente de la siguiente realidad: operar en el mercado Forex no es un plan del tipo 'hágase rico al instante'. Cuando empieces a intercambiar en el mercado de divisas, cometerás errores: tomarás demasiados riesgos, te olvidarás de dar tus órdenes *stop/loss* (detener pérdidas), llevarás a la práctica una mala gestión del dinero, te faltará una estrategia de salida, etcétera. Todos los principiantes cometen errores, es algo natural; la cuestión es: cuántos errores, cuánto te van a costar y qué es lo que vas a aprender de ellos.

Este libro no hará que te vuelvas rico, pero puede enseñarte mucho y de un modo rápido acerca de cómo funciona el mercado Forex, cuáles son las estrategias más importantes del intercambio, cómo puedes proteger tu capital de operaciones y cómo evitar cometer una gran cantidad de errores. Para abreviar, este libro te impulsará para que tengas un comienzo brillante como operador de Forex.

Tras haber leído *Forex para Principiantes Ambiciosos*, te habrás puesto por delante del 95% de los otros operadores de divisas principiantes, los mismos a los que, sin la preparación ni los recursos adecuados, el asunto se les fue de las manos y de los que nunca se volvió a saber.

Así pues, ¡enhorabuena por haber comenzado de un modo tan excelente y te deseo todo lo mejor para el resto de tu carrera como operador en el mercado Forex!

Jelle Peters

P. D. Por favor, visita www.forexinfo.es si tienes alguna duda sobre el libro o la prueba.

¿Cómo funciona el Mercado Forex?

CAPÍTULO 1 BREVE HISTORIA DEL MERCADO DE DIVISAS

Para comprender mejor cómo funciona el mercado monetario, es importante que sepamos un poco de su historia. Por ejemplo, ¿qué es el *patrón oro* y qué papel tiene en el rápido y fluido mundo financiero de hoy en día?, ¿durante cuánto tiempo ha existido el mercado Forex en su forma actual?, ¿quién o qué se asegura de que todo lo que ocurra en el mercado Forex cumpla con las regulaciones?, y, a propósito, ¿qué clase de regulaciones serían estas?, y mientras nosotros nos hacemos todas estas preguntas, ¿por qué el dólar americano está omnipresente en el Forex? (el USD aparece en todos los cinco pares de divisas más importantes).

Información adicional: El valor de una determinada divisa en comparación con el de otra divisa se obtiene al comprar con ella la otra divisa del 'par de divisas'. Los cinco pares de divisas más importantes son: EUR/USD | GBP/USD | USD/JPY | USD/CHF y USD/CAD. *Veremos más acerca de esto en el capítulo 3 'Cómo se determinan los tipos de cambio'.*

Otra cuestión que se escucha con frecuencia: En primer lugar, ¿por qué es necesario establecer un mercado monetario? ¿No se podría simplemente elegir un tipo de cambio fijo? ¿No sería más fácil, por no mencionar más barato y más estable, que un (completamente) fluctuante mercado de divisas libre?

Es cierto que el mercado Forex en su forma actual, es decir, compuesto por pares de divisas y con unos precios determinados por el libre mercado, es algo relativamente nuevo, ya que se creó en los años setenta. Sin embargo, en lo que se refiere al sistema monetario internacional, el gran triunfador de los dos últimos milenios fue el oro en todas partes. Una moneda escasa, codiciada universalmente y natural, que incluso en el mundo moderno de hoy en día tiene mucha demanda en tiempos de incertidumbre económica.

EL TRUEQUE Y LOS ORÍGENES DEL COMERCIO INTERNACIONAL

Por mucho que les pese a los marxistas más idealistas, el trueque solo funciona en economías muy simples. Esto no hace que se detengan a la hora de comenzar nuevas iniciativas para reintroducir el trueque en economías capitalistas modernas, pero estas no llegan a ninguna parte más allá de los márgenes de ecosistemas muy locales. (Piensa: *se ofrece la reparación de una lavadora a cambio de un armario ligeramente roto*). A menudo estas iniciativas suelen tropezar accidentalmente con la misma idea de la que tratan de escaparse: la idea del dinero (p. ej. La reparación de la lavadora = 3 bitcoins, un armario ligeramente roto = 2 bitcoins, podar el césped = 4 bitcoins, etc.).

Entonces, ¿por qué el trueque no se convirtió en el sistema de pago por defecto del mundo moderno? Porque si ya es lo suficientemente complicado comparar el valor de un producto dado con el valor de otro producto, no digamos ya con el de otros 10.000 productos. Como resultado, el mejor y más efectivo modo de hacer esto es encontrar un producto que todo el mundo quiera tener. Asombroso, ¿no?

En el pasado, este producto solía ser el oro o la plata, aunque hubo otra serie de productos que se utilizaron en diversas sociedades, como la sal o las conchas marinas. En la antigua China se utilizaban fardos de té, y en los estados sureños de los Estados Unidos la gente con frecuencia se pagaba mutuamente con tabaco.[1]

Uno de los primeros ejemplos de moneda que ganó aceptación internacional fue el *Aureus* de oro romano, al que posteriormente siguió el *Denarius* de plata.[2] Sin duda, la aceptación internacional de estas monedas como divisas válidas se debió en parte al valor intrínseco del material del que estaban hechas. Sin embargo, el principal motivo por el cual estas monedas fueron aceptadas como divisas hasta mucho más allá de las fronteras del imperio, fue el poder y la estabilidad del propio Imperio Romano.

Evidentemente, el problema para que una moneda se acepte en un lugar donde no se utiliza como moneda por defecto, consiste en que hay que intercambiarla por esa moneda por defecto primero. Un comerciante estadounidense no puede utilizar un billete de cinco libras esterlinas. No puede usarlo para comprar una cerveza en el bar de Barney que tiene a la vuelta de la esquina, y por eso mismo no lo aceptará como pago.

Como dato anecdótico, podemos señalar que los dólares estadounidenses y los euros se aceptan hoy en día en muchos lugares donde no son la moneda oficial. En ese sentido, son un poco como el Aureus de oro. Pero en general su aceptación se limita a lugares frecuentados por muchos extranjeros, como aeropuertos y hoteles.

EL PATRÓN ORO

Durante la primera mitad del siglo XIX, el Reino Unido introdujo el patrón oro.[3] A partir de 1870 le siguieron una serie de países. En un sistema que utiliza el patrón oro, se establece como moneda un peso fijo en oro y el Estado garantiza el cambio tanto de la moneda como de los billetes a oro. Naturalmente, un sistema como este asegura una gran estabilidad monetaria. La gente ya no

---

1   En el Tíbet, Mongolia y Asia central, los fardos de té también fueron utilizados como moneda durante siglos. En Siberia, por ejemplo, los fardos de té se aceptaron como pago hasta la Segunda Guerra Mundial.
2   El Aureus se emitió desde el siglo I a.C. hasta el siglo IV. 1 Aureus valía 25 Denarii.
3   Ley bancaria de Peel de 1844 dictamina que el monopolio de la expedición de billetes de banco recaiga sobre el Banco de Inglaterra; sus billetes tienen el intercambio a oro garantizado. Esto se ve como el inicio de la era del patrón oro.

tiene que temer que su dinero vaya a perder valor rápidamente, porque ahora queda directamente vinculado al valor del oro, una materia prima escasa que ha venido demostrando su valor en el sistema monetario durante años.

Gracias al patrón oro, la intercambiabilidad entre diversas monedas también se volvió más sencilla, puesto que el valor garantizado y subyacente de las monedas que lo utilizaban era siempre el mismo. (Nota: el precio del oro era mucho menos volátil en el pasado que hoy en día, en parte debido a la ausencia de comercio especulativo).

Durante la Primer Guerra Mundial, todas las naciones occidentales excepto los Estados Unidos abandonaron el patrón oro. Los Estados Unidos se unieron en 1933 debido a la Gran Depresión.

LOS ACUERDOS DE BRETTON WOODS

Cuando se aproximaba el final de la Segunda Guerra Mundial, los líderes mundiales y los economistas se dieron cuenta de importancia vital de la vuelta a la estabilidad en los mercados financieros internacionales. Por esa razón, en julio de 1944, un mes después del Día D, los aliados se reunieron en el hotel *Mount Washington* de New Hampshire para tratar acerca de la estructura de la economía del mundo tras la guerra. Las tres decisiones más importantes que surgieron de Bretton Woods, cuya influencia todavía se siente en el mundo financiero de hoy en día, fueron:

La fundación del Fondo Monetario Internacional (FMI). Esta organización se creó para supervisar los acuerdos internacionales y para apoyar a los países en tiempos de crisis económicas con préstamos temporales en caso de ser necesario (los rescates de Grecia, Irlanda y Portugal en 2010 y 2011 fueron concebidos y financiados por la UE y el FMI juntos, lo que demuestra lo vital que es el rol del FMI todavía en el mundo de hoy en día; de hecho, mientras escribo este libro, parece que crecen los apoyos para que se le conceda al Fondo Monetario Internacional un papel aún mayor como prestamista de último recurso del mundo).

El dólar estadounidense quedó conectado a un precio fijo del oro de 35 dólares por onza (es interesante comparar esto con el precio del oro de 1.130 dólares por onza troy que se alcanzó en diciembre de 2016). Por lo tanto, los Estados Unidos reintrodujeron el patrón oro en su sistema monetario.

Todas las monedas de los demás países fueron vinculadas al dólar y, a través de dicha vinculación, dichas monedas también quedaron automáticamente conectadas con el patrón oro. Esta clase de conectividad indirecta se conoce como *patrón de cambio oro*. Con este sistema el dólar estadounidense se convirtió de facto en la *moneda de reserva mundial* (una posición que todavía ostenta hoy).

Este sistema funcionó muy bien durante los dos primeros años, hasta que el creciente coste de la guerra en Vietnam obligó a los Estados Unidos a abandonar el patrón oro a principios de los setenta. Pero aunque esto terminó de un modo efectivo con el sistema Bretton Woods para crear estabilidad monetaria a través de la conexión de la moneda más importante con el patrón oro, el dólar continuó siendo la moneda de reserva, básicamente porque la economía de los Estados Unidos es la más importante del mundo con diferencia. Con esto se puso de manifiesto que, desde ese momento en adelante, la estabilidad monetaria internacional iba a quedar vinculada a la salud del dólar estadounidense. (Esto es algo que un creciente número de países, entre ellos los que se conocen como BRIC's: Brasil, Rusia, India y China, desearían cambiar, porque fuerza a que el resto del mundo tenga que apoyar a los Estados Unidos y financie su deuda, con independencia de sus políticas económicas o de otro tipo).

NACIMIENTO DEL MERCADO DE DIVISAS MODERNO

Con la desvinculación del dólar del patrón oro a principios de los setenta, comenzó la era de las monedas de libre flotación. El precio de una moneda ya nunca más se fijaría al de otra cosa, como el oro o el dólar, sino que sería determinado por el libre mercado.

Durante las pasadas décadas se han emprendido varias iniciativas para contrarrestar algunos de los efectos más volátiles de tener monedas de libre flotación. Un ejemplo bien conocido es el uso de bandas cambiarias como el *mecanismo de tipos de cambio*, que se utilizó para estabilizar el valor de las monedas europeas como preparación para el euro. Otro método de estabilizar una moneda consiste en fijar su valor al del dólar. Como hemos visto anteriormente, hay varios países que utilizaron este método con arreglo al acuerdo de Bretton Woods. Hoy en día lo utilizan principalmente los países más pobres y menos estables.

Entre otros países, China ha vinculado su moneda al dólar de un modo intermitente durante las dos décadas pasadas. Los países occidentales, particularmente Estados Unidos, han criticado a China por vincular el yuan (también conocido como renminbi) al dólar, porque esto hace que el yuan se mantenga artificialmente barato, lo que le da a China una ventaja competitiva injusta a la hora de exportar sus productos.

A menudo se ha demostrado que la acción de fijar monedas durante largos periodos de tiempo conduce a unos resultados económicos indeseables, porque impide que la moneda se mueva en concordancia con las cambiantes circunstancias económicas y aumenta la probabilidad de que se den sucesos como burbujas económicas y/o recalentamientos en la economía, esto es, cuando la divisa fija es demasiado barata para el crecimiento que se da en la economía.

El hombre que quebró al Banco de Inglaterra

Uno de los ejemplos más infames de los indeseables efectos de tener una divisa fija se puede encontrar en los años noventa, cuando el especulador George Soros desafió a una sobrevaluada libra esterlina.[4] El desenvolvimiento que siguió a dicho desafío le valió a George Soros el —bien merecido— sobrenombre de "el hombre que quebró al Banco de Inglaterra".

En aquella época se evitaba que la libra esterlina se devaluara demasiado, porque su cambio se realizaba dentro del mecanismo de tipos de cambio. Sin embargo, el valor real de la libra esterlina, dadas las condiciones del mercado, era mucho más bajo. No obstante, el Banco de Inglaterra rechazó elevar el tipo de interés para aumentar el valor real de la libra, o dejar que la libra flotara para que pudiera moverse con libertad hacia su valor real en el mercado.

El miércoles negro (16 de septiembre de 1992), el especulador George Soros vendió libras esterlinas con una posición que superaba los 10 mil millones de dólares. Como consecuencia de esto, la presión sobre la libra esterlina aumentó tanto que nadie se atrevió a comprar más libras. Como resultado, el gobierno británico no tuvo otra alternativa que dejar que la libra flotara. Según se informa, Soros consiguió más de 1.100 millones de dólares con su posición corta.

EL FUTURO DEL MERCADO FOREX

Mientras escribo esto, el dólar sigue siendo la moneda de reserva mundial. Todas las demás monedas, materias primas y metales valiosos se expresan en dólares estadounidenses en términos de valor. Esto significa que los Estados Unidos pueden continuar pidiendo préstamos a unos tipos excepcionalmente bajos; después de todo, la quiebra del dólar no es una opción. Así como hay algunos bancos que son demasiado grandes como para quebrar, tal y como se vio en la crisis financiera de 2008, también lo son algunos países. A la cabeza de esta lista se encuentran los Estados Unidos, que mantienen al mundo financiero bajo un férreo control con el dólar como la moneda de reserva dominante e insustituible.

Pero, ¿durante cuánto tiempo? Durante los últimos diez años el orden político y económico del mundo ha cambiado profundamente. La era de la hegemonía americana, que alcanzó su nivel más alto en la segunda mitad del siglo XX con un auge en la economía y la victoria en la Guerra Fría, parece que se está acabando debido al ascenso de potencias económicas como China, India, Brasil y Rusia (mencionados anteriormente como los países BRIC's, un término acuñado por

---

4   En 2010, George Soros obtuvo el puesto nº. 35 en la lista de las personas más ricas del mundo de la revista Forbes. Se estima que su patrimonio neto es de 14.200 millones de dólares.

el ejecutivo de Goldman Sachs Jim O'Neill).[5]

De esta manera, el mercado libre capitalista americano se encuentra bajo una nueva amenaza, que esta vez no es el comunismo, sino el *capitalismo dictatorial* (en otras palabras: el mercado es libre hasta que el estado decida lo contrario). Esto se hizo evidente a principios de 2008 cuando China dijo que había llegado la hora de plantear el reemplazo del dólar como moneda de reserva mundial. En ese momento, el Secretario del Tesoro de Estados Unidos, Timothy Geithner aún pudo salir al paso en base a la noción de que eso ocurriría en un futuro muy, muy lejano. Pero una grave crisis económica después, parece ser que ese futuro tan lejano está mucho más cerca.

---

5   O'Neill utilizó el término BRIC por primera vez en 2001, en su documento Building Better Global Economic BRICs.

CAPÍTULO 2 INFORMACIÓN PRÁCTICA SOBRE EL FOREX

¿QUÉ ES EL FOREX EXACTAMENTE?

Forex viene de *for-ex*, un acrónimo de las palabras inglesas *foreign exchange*, también conocido como mercado de divisas. Es el mercado financiero más grande del mundo con un volumen diario de comercio de alrededor de 5,1 billónes de dólares en 2016. Sin embargo, no hay un edificio físico en el que se desarrollen las transacciones del mercado Forex, ni arrogantes dueños de Ferraris de 23 años intentando gritar más fuerte que los demás para comprar y vender dólares y euros. Este es el motivo por el cual se denomina al Forex como mercado *Over The Counter* (OTC) o extrabursátil. Esto significa que las órdenes de divisas no van acompañadas de un intercambio central, sino que las ejecutan los propios participantes. Todo es digital, está descentralizado y no hay una autoridad supervisora.

'El' Forex, por tanto, no existe realmente. Es tan solo una red mundial de bancos que procesan las órdenes de divisas electrónicas que vienen de sus propias salas de transacciones, otros bancos, brókers y multinacionales.

HORARIO DE APERTURA

Como el Forex es un mercado global que no tiene un lugar de intercambio central, ni una autoridad supervisora, básicamente está abierto siempre y cuando haya bancos para procesar las órdenes de divisas, lo que viene a significar 24 horas al día, cinco días a la semana.

(Rock) Around the clock

Según el huso horario de Greenwich, el mercado abre la noche del domingo a las 22:00 GMT en Sídney, Australia, donde son las 9 de la mañana. Tokio le sigue una hora después y luego Hong Kong, Moscú, Fráncfort y Londres a las 09:00 GMT.

Los bancos de Estados Unidos abren a las 14:00 GMT, primero en Nueva York, después en Chicago y Denver, y luego en todo el camino hasta San Francisco. Finalmente, cuando estos bancos cierran, los de Sídney abren otra vez.

Las horas punta

Aunque se puede operar con divisas las 24 horas del día, no todas las horas tienen la misma actividad. El núcleo central del mercado Forex radica en Europa. Londres, por ejemplo, contabiliza el 37,1% en 2016 del volumen del comercio mundial diario; Fráncfort viene a continuación con mas que 20%. En conjunto, la porción europea del pastel asciende a casi 60%.

Durante las dos primeras horas tras la apertura de Fráncfort (y del resto del continente europeo), la actividad de las operaciones suele ser elevada. Se tienen en cuenta los efectos de las noticias financieras que se publicaron entre el cierre del día anterior (las 15:00 y las 16:00 GMT de Fráncfort y Londres respectivamente) y la mañana de la apertura, así como los movimientos que han tenido lugar en el mercado Forex durante la última parte de la sesión americana y la sesión asiática al completo. Los corredores de divisas del Reino Unido y del continente europeo, por tanto, querrán ponerle fin a algunas posiciones y abrir o aumentar otras.

Otra hora de mucha actividad es entre las 14:00 y las 16:00. A las 14:00 GMT abre Nueva York y entre las 14:00 y las 15:00 GMT están abiertos todos los tres mayores centros financieros para el mercado de divisas (Londres, Fráncfort y Nueva York).

Durante la sesión asiática suele haber más tranquilidad. Algunas estrategias de operación rentabilizan muy bien esta situación, ya que permite obtener beneficios del alza extra de los pares de divisas cuando abre Londres. Otra estrategia de operación popular para la sesión asiática consiste en el *scalping*, que se beneficia de los pequeños, y preferentemente repetitivos, movimientos de precios. Pero hablaremos del *scalping* más adelante, en la sección de estrategias del libro.

¿QUIÉN ESTÁ ACTIVO EN EL MERCADO FOREX?

Hasta hace unos pocos años, solo había tres actores activos en el mercado de divisas: bancos, multinacionales y gobiernos. Desde entonces, sin embargo, ha emergido un nuevo y poderoso actor: el operador individual.

El papel del mercado de divisas ha cambiado considerablemente en las décadas pasadas. Aunque en sus orígenes el mercado Forex tenía la función principal de garantizar que el sistema monetario internacional fluyera con calma y que se redujera el riesgo monetario para las empresas activas internacionalmente, hoy en día el mayor volumen de operaciones (entre el 70% y el 90%) del mercado Forex provienen de la especulación con diferencia, es decir, que se opera para conseguir beneficios.

Lo mismo que ocurre, por cierto, en otros mercados financieros. Este fenómeno surgió no solo debido al papel más activo de los operadores individuales, sino también por la creciente popularidad de las operaciones por cuenta propia entre bancos. Dicho de una manera sencilla, los bancos de hoy en día operan mucho más para sus propias cuentas que antes, cuando operaban sobre todo en nombre de sus clientes.

Información adicional: para bancos como el Goldman Sachs (GS), las operaciones por cuenta propia eran un negocio muy lucrativo. Sin embargo, tras la aprobación de la Ley Dodd-Frank, se obligó (una vez más) a que bancos como GS separasen sus actividades de banca comercial de las de su banca de inversión.6

Bancos

Los bancos procesan sus órdenes de divisas desde sus propias salas de cambio a través de dos sistemas de mercados al contado principales: el sistema de corretaje electrónico (EBS) y Thomson Reuters FX Trading (antes Reuters Dealing 3000). Los bancos procesan estas órdenes para sus clientes (multinacionales, fondos de cobertura, brókers minoristas y operadores individuales) así como las de sus propias cuentas.

Multinacionales

Las multinacionales están expuestas a riesgos monetarios debido a que operan en diferentes países. Por ejemplo, los salarios y los costes de producción podrían aumentar si la moneda de la región en la que la multinacional tiene establecida una buena parte de su proceso productivo, se volviese más cara en comparación con otras monedas. Es posible que a un carnicero alemán local no le importe nada en absoluto que el euro se aprecie un 5% en tres meses, pero a un productor y exportador de motosierras alemán, que tenga que competir en los Estados Unidos con productores de motosierras americanos, no le hará nada de gracia que el EUR/USD suba un 5% en tres meses. Al fin y al cabo, esto haría que sus motosierras fueran más caras para sus consumidores de los Estados Unidos, a no ser que corte sus precios (preferentemente con una de sus propias motosierras).

Para evitar incurrir en pérdidas como consecuencia de la disminución de beneficios y protegerse a sí mismas frente a riesgos como estos, las multinacionales toman posiciones preventivas en el mercado Forex, que es lo que se conoce como *hedging* o cobertura. Ese productor de motosierras alemán, por ejemplo, podría ir 'en largo' (*go long*) en el euro (comprar euros) para tener una compensación por las pérdidas que tenga que asumir en el mercado estadounidense si el euro se aprecia. Debido a la creciente volatilidad del mercado de divisas, este tipo de *hedging* que practican las multinacionales ha aumentado en los últimos años.

---

6 La que se conoce oficialmente como "Ley Dodd-Frank de reforma de Wall Street y protección del consumidor", entró en vigor el 21 de julio de 2010 con el objetivo de reformar la regulación financiera. Uno de los resultados fue la restricción del apalancamiento máximo que los brókers ubicados en los Estados Unidos podían ofrecer a 50:1.

Gobiernos

Los gobiernos tienen sus propias razones para mantenerse activos en el mercado de divisas. A través de la compra y venta de grandes cantidades de sus propias monedas, pueden influenciar en el precio de la moneda en relación con todas las demás monedas, lo cual, por otra parte, podría incrementar la competitividad de sus exportaciones.

La economía japonesa ha estado haciendo esto durante años para amortiguar el valor del yen y estimular las exportaciones. Como se trata de una economía orientada hacia la exportación, Japón prefiere un yen barato. Sin embargo, economistas japoneses han declarado recientemente que la comunidad de empresas de Japón debería adaptarse a las apreciaciones del yen, puesto que es probable que esta situación continúe.

Este tipo de acciones del gobierno sobre el mercado Forex se denominan como intervención. Los economistas están de acuerdo en que, aunque una intervención puede ejercer una gran influencia sobre el precio de una moneda a corto plazo, en el largo plazo sus efectos son muy limitados. El crecimiento exponencial del Forex también hace que resulte incluso aún más complicado que esto cause un impacto real en el mercado. Los volúmenes que se necesitan hoy en día para dar una señal clara al mercado son de tal magnitud, que intervenir de un modo continuado se ha vuelto muy costoso. Por si esto fuera poco, las intervenciones podrían molestar a los socios comerciales y desencadenar una posible guerra de divisas, ya que esto incrementa la competitividad de un país de un modo artificial a costa de otros países.

Información adicional: un interesante ejemplo de intervención en el mercado Forex fue la que realizó el Banco Nacional Suizo (SNB) en septiembre de 2011; el SNB declaró públicamente que a partir de ese momento defendería un mínimo de 1,20 francos suizos por 1 euro con todos los medios a su disposición. El SNB dijo que estaba dispuesto a comprar monedas extranjeras en "cantidades ilimitadas" para asegurarse de que el franco suizo no se apreciara más allá de 0,833 euro por 1 franco suizo. La razón de esta —bastante extrema— decisión, era que, en los meses anteriores, la creciente preocupación por la crisis europea había dirigido a los inversores hacia el franco suizo, que se consideraba una moneda "refugio seguro". La subsiguiente y veloz apreciación del franco suizo (un 16% en dos meses) había empezado a dañar a la economía suiza. Tras la decisión del SNB, los inversores empezaron a buscar otras monedas como refugio seguro, como las de Japón, Brasil, Noruega y Suecia, lo que causó que las monedas de estos países se apreciaran más y como resultado se dañaron sus economías. (Nota: en 15 de enero, 2015, El SNB anunció con sorpresa que ya no mantendría el franco suizo a un tipo de cambio fijo con el euro, resultando en un pánico en el Forex.)

En ocasiones excepcionales, a veces los países deciden intervenir en el mercado Forex juntos para detener una situación de extremada volatilidad e inestabilidad. Un caso así se dio cuando el G7 realizó una intervención en marzo de 2011 tras el terremoto, tsunami y posterior desastre de los reactores nucleares de Fukushima. Los operadores de Forex, que esperaban que las empresas japonesas repatriaran sus inversiones en el extranjero a gran escala, rápidamente impulsaron al yen hacia su mayor nivel en 25 años. Gracias a que los países del G7 intervinieron juntos, fueron capaces de enviarle a los mercados el mensaje claro de que el nivel de los 78 yenes por 1 dólar sería defendido con fuerza. Esto le puso el punto final al empuje apremiante que sufría el USD/JPY.

Operadores individuales

Como hemos mencionado anteriormente, el operador individual es un relativamente recién llegado al ámbito del mercado Forex. Hasta hace algunos años, los operadores individuales no tenían un acceso directo al mercado Forex. Internet, y más concretamente, la banda ancha, han cambiado esto rápidamente.

Evidentemente, los operadores individuales no tratan directamente con los grandes bancos internacionales. Acceden al mercado Forex a través de los brókers o corredores. Puedes encontrar una amplia lista de brókers de Forex en *forexinfo.es/forex-brokers*.

En los inicios, el tamaño del lote más pequeño disponible para los operadores individuales era el llamado *lote estándar*, que equivale a 100.000 unidades. El apalancamiento máximo solía ser de 200:1 o más bajo, lo que significaba que necesitabas por lo menos 500 dólares de capital en la cuenta para abrir una sola posición. Más adelante, se introdujo el *minilote* (10.000 unidades) y muchos brókers también incrementaron el apalancamiento máximo a 400:1. Hoy en día, la mayoría de los brókers también ofrecen *microlotes* de 1.000 unidades. Por lo tanto, ahora un operador de divisas principiante puede empezar con un capital en la cuenta de un uno por ciento de lo que se necesitaba hace dos años. (Nota: las regulaciones recientes en los Estados Unidos han reducido el apalancamiento máximo que los brókers pueden ofrecer a sus clientes estadounidenses a 50:1. Los brókers que operan fuera de los Estados Unidos no han hecho cambios en el apalancamiento máximo que ofrecen a sus clientes de fuera de los Estados Unidos).

REGULACIONES

Debido a que el Forex es un mercado global y descentralizado, las regulaciones difieren según el país. La mayoría de los países tienen organismos de control financiero que requieren que los brókers y bancos que actúen en su territorio estén regulados por ellos, pero como el cambio de divisas es un mercado al contado completamente electrónico y descentralizado, los brókers pueden establecerse con facilidad en lugares donde la regulación es escasa.

Generalmente, los mayores brókers aceptan las regulaciones de países como los Estados Unidos, el Reino Unido y la Eurozona, pero también hay muchos brókers que, o no están regulados, o solo ligeramente (lo que por cierto no significa que tengan que ser malos brókers).

Las autoridades reguladoras más importantes que supervisan a los brókers de Forex son:

* La Asociación Nacional de Futuros (NFA) – Estados Unidos
* La Comisión de Bolsa y Valores (SEC) – Estados Unidos
* La Autoridad Británica de Conducta Financiera (FCA) – Reino Unido
* La Agencia de Servicios Financieros (FSA) – Japón
* La Autoridad Federal de Supervisión Financiera (BaFin) – Alemania

CAPÍTULO 3 CÓMO SE DETERMINAN LOS TIPOS DE CAMBIO

En este capítulo vamos a dirigirnos hacia el propio mercado de divisas por primera vez. En primer lugar, ¿cómo se determinan los tipos de cambio y cómo se opera con las divisas? Para verlo con facilidad, quizás sería una buena idea que te abrieses una cuenta en la plataforma de un bróker de Forex ahora (puedes hacerlo gratis), si aún no lo has hecho.

Visita forexinfo.es/forex-brokers para ver una lista extensa de brókers de Forex.

El tipo de una moneda no es nada más que el valor de esa moneda, y ese valor es siempre relativo. Al contrario que las acciones de una sociedad con cotización oficial, una divisa no tiene ningún valor real o intrínseco (o al menos ya no más; en los tiempos del patrón oro, –ver capítulo 1— cuando el Estado garantizaba el cambio de su moneda a oro, esta tenía un valor real). El valor real de una moneda en la vida diaria (su poder de compra), se puede determinar a través del registro de la cantidad de monedas que se necesitan para comprar una selección específica de productos: este es el método que se utiliza para medir la inflación. Pero en el mercado Forex solo miramos el valor de una moneda en comparación con el valor de otra moneda.

PARES DE DIVISAS

Las divisas se comercian en pares. Por ejemplo, el valor del euro en comparación con el del dólar viene determinado por el par de divisas EUR/USD (euro/dólar). Cuando aumenta la demanda de euros, el tipo del par EUR/USD sube. Cuando la demanda de euros cae, el EUR/USD va hacia abajo.

Puesto que todas las divisas se comercian las unas frente a las otras, puedes comerciar con centenares de pares de divisas al mismo tiempo en el mercado Forex. Sin embargo, no todos los pares son igual de *líquidos* (cuanto más se comercia un par de divisas, más líquido se dice que es). El par de divisas más importante y líquido es el EUR/USD.

La anotación de un par de divisas se realiza colocando las abreviaturas de las dos divisas involucradas la una al lado de la otra y separadas por una barra oblicua, como por ejemplo: EUR/USD, GBP/USD, USD/JPY, etc.

Las abreviaturas siempre se componen de tres letras: Las abreviaturas de las monedas más importantes son:

USD = Dólar estadounidense

EUR = euro

JPY = yen japonés

GBP = libra esterlina

CHF = franco suizo

CAD = dólar canadiense

AUD = dólar australiano

NZD = dólar neozelandés

La primera abreviatura que se menciona en un par de divisas se denomina *divisa base* y la segunda, *divisa cotizada* o *secundaria*. Por lo tanto, cuando miramos el par GBP/USD, la GBP (libra esterlina) es la divisa base, mientras que USD es la divisa cotizada.

La divisa base es la divisa que apoyas cuando compras (ir en largo) y la divisa cotizada es la divisa que apoyas cuando vendes (ir en corto) un par de divisas. Siguiendo con el ejemplo del par GBP/USD, cuando piensas que la libra esterlina va a subir en comparación con el dólar estadounidense, vas en largo en el GBP/ USD, pero si cuando piensas que el GBP va a caer contra el USD, vas en corto en el GBP/USD.

Llegados a este punto, ya habrás notado que hay una gran cantidad de palabras de la jerga financiera que hay que tener en cuenta a la hora de comerciar en los mercados financieros. Doy por sentado que esto puede resultar difícil cuando se empieza, pero es importante que aprendas al menos algunos de los términos más comunes. Si no comprendieras el significado de los términos que se utilizan para describir estrategias o tácticas de operación, lo tendrías complicado para aprender sobre el Forex de diversas fuentes. También te resultaría más difícil preguntar tus dudas a otros operadores más experimentados. Por ese motivo, en el capítulo seis vamos a ofrecer un curso intensivo sobre la terminología del mercado Forex. También puedes encontrar un diccionario breve del mercado Forex al final del libro para facilitar la consulta.

ABRIR UNA POSICIÓN

A la acción de comprar o vender una moneda, se le denomina abrir una posición. ¿Crees que el euro va a subir frente al dólar estadounidense? Entonces abre una posición *larga* en el EUR/USD. ¿Crees que el euro va a caer en comparación con la libra esterlina? Abre una posición *corta* en el EUR/GBP.

La imagen que viene a continuación muestra los tipos para dos pares de divisas. Si miras los precios para el EUR/USD, verás que hay una diferencia entre el precio de compra y el de venta. Esa diferencia es lo que se conoce como *spread* y es lo que le pagas al bróker por abrir una posición por ti. Es importante que tengas en cuenta también que esta será posiblemente la única tarifa que tendrás que pagar al agende de Forex. No hay comisión, ni costes de administración, suscripción o de ninguna otra clase, solo el spread.

Instrument	Sell	Buy
EUR/USD	1,4023	1,4025
EUR/JPY	108,44	108,49
EUR/CHF	1,2066	1,2070
EUR/GBP	0,8773	0,8778
ERU/CAD	1,3862	1,3870

Como puedes ver, el spread es muy pequeño. En el EUR/USD es de dos centésimas de céntimo. Los operadores de Forex llaman a esto un *spread* de 2 *pips*. [7]Un *pip* es la unidad más pequeña de medida del precio de una moneda. Para la mayor parte de los pares de divisas, se trata del cuarto número detrás de la coma. Sin embargo, para el yen japonés, es el segundo número detrás de la coma porque el yen es aproximadamente 100 veces menos valioso que las otras divisas importantes.

Así pues, cuando quieres abrir una posición corta en el EUR/USD (porque piensas que el euro va a declinar) vendes el EUR/USD por 1,4023 dólares, según el ejemplo anterior. Si cierras la posición inmediatamente, sin que el EUR/USD se haya movido ni siquiera un *pip*, puedes hacerlo frente a un precio de 1,4025 dólares. Dicho de un modo simple, cuando cierras una posición corta en el EUR/USD, lo haces a través de la compra de EUR/USD y de este modo neutralizas la posición que has abierto. La diferencia de 2 *pips* se va para el bróker.

---

7 Los brókers de Forex diferencian entre los spreads fijos y los variables. Los spreads fijos se establecen por adelantado, mientras que los variables pueden oscilar dependiendo de la volatilidad del mercado. Los brókers que utilizan spreads variables suelen publicitar unos spreads muy bajos, pero ten en cuenta que estos pueden aumentar considerablemente durante las horas de comercio volátiles.

CAPÍTULO 4 LA DIFERENCIA ENTRE EL FOREX Y LAS ACCIONES

La mayor diferencia entre las acciones y las divisas se encuentra en la naturaleza del producto. Poseer acciones de una empresa como la Royal Dutch Shell te convertirá en el dueño de una parte de la compañía (pero no vayas a irrumpir a la sede central de la Shell en La Haya, Países Bajos, actuando como si fueras el dueño del sitio, aunque lo seas). En cambio, poseer 10.000 euros en efectivo no convertirá en el propietario de nada (aparte del propio efectivo).

NO ES UN MERCADO DE INVERSIONES, PERO SÍ UN MERCADO ESPECULATIVO

Una posición en el mercado Forex no tiene un valor intrínseco, y este es el motivo por el cual no puedes invertir realmente en él. Un lote estándar EUR/USD no vale nada si el precio no se mueve hacia tu dirección. Pero en la mayoría de los casos, si posees acciones de la Royal Dutch Shell, te pagarán dividendos cuando la empresa genere beneficios (después de todo, tener acciones te convierte en copropietario), aunque el precio de las acciones de la Shell no se haya movido en absoluto, o haya bajado.

Como el valor de las divisas en el Mercado Forex se determina siempre en relación con otras divisas, generalmente fluctúa más que el valor de las acciones. El precio de una empresa con cotización oficial y sin problemas financieros normalmente aumenta a largo plazo, porque el valor subyacente de las acciones (la empresa en sí misma) aumenta con el tiempo. Por el contrario, es más probable que el precio del EUR/USD se mueva hacia delante y hacia atrás, y que no que aumente a largo plazo, porque el precio de este par de divisas no solo depende de la salud económica de la eurozona, sino de la salud económica de la eurozona en comparación con la de los Estados Unidos, algo que puede variar perfectamente con el tiempo.

El siguiente gráfico de velas del par EUR/USD entre 2009 y mediados de 2011, ilustra esto muy bien. El desarrollo del precio del EUR/USD en este periodo oscila un modo característico, lo que significa que hay movimientos laterales; todas las tendencias son solo temporales.

El mercado Forex es, por lo tanto, un mercado mucho más especulativo que el bursátil. El operador de Forex gana dinero especulando con las subidas y bajadas temporales de una moneda en particular. Eso no significa que no haya una gran cantidad de especuladores activos en el mercado de valores también, pero en esencia estos brókers bursátiles siempre han sido inversores cuyo interés se centra en el largo plazo.

Información adicional: No obstante, 'invertir' en el mercado Forex para periodos más largos de tiempo también es posible, algo que demostró el gurú de la inversión Warren Buffett, quien tomó una gran cantidad de posiciones largas en EUR/USD en 2002, cuando el precio pivotaba alrededor de los $0,80. Buffett sostenía que ese precio era demasiado bajo y que no expresaba adecuadamente la relación entre los Estados Unidos y Europa. Cuando Buffett finalmente cerró todas sus posiciones largas en agosto de 2008, el EUR/USD había escalado a $1,5950, un aumento del 88%.8

NO SE BASA EN LA PROPIEDAD FÍSICA

Otra diferencia significativa con el mercado bursátil es que el operador de divisas raramente toma posesión de las divisas que compra. En ese sentido, el mercado Forex se parece más a los mercados de opciones y de futuros, los cuales tienen más que ver con el derecho/obligación de comprar una determinada cantidad de producto en un momento concreto, que con recibir ese producto realmente en el patio trasero. Por consiguiente, el hecho de que los brókers de Forex de los Estados Unidos estén regulados por la Asociación Nacional de Futuros (NFA) no es casual.

---

8 Según se informa, la empresa de Buffet, Berkshire Hathaway, consiguió 2.000 millones de dólares con esta apuesta de Forex.

La posesión física no tiene sentido para un operador de divisas ya que, después de todo, solo puede conseguir beneficios cuando el precio se mueve en su dirección. No hay dividendos, ni un incremento intrínseco del valor del propio producto, mientras que una empresa como la Shell aumenta de valor con el tiempo, lo que hace que sus acciones sean más valiosas también.

La gran mayoría de las posiciones de divisas se cierran en menos de 48 horas desde su apertura. A la mayoría de los operadores de divisas el largo plazo no les interesa nada en absoluto.

OPERAR CON ACCIONES ES MÁS CARO

Por último, pero no menos importante, hay otras dos importantes diferencias que consisten en que necesitas mucho más capital para operar en el mercado de valores y que los pequeños operadores de bolsa tienen que afrontar unos costes relativamente altos para conseguir beneficios.

Operar con acciones con un capital de 1.000 dólares casi nunca merece la pena. Con eso solo se pueden comprar un par de acciones y, además de los costes administrativos, los bancos y los brókers también cobran por cada transacción. Los pequeños operadores, por lo tanto, tienen que pagar un 5% del ROI (retorno sobre la inversión) solo para cubrir los gastos.

Pero no necesitas tener 1.000 dólares para acceder a una plaza en el mercado Forex. Esto es cierto especialmente desde la introducción de los microlotes (en los que 1 *pip* vale aproximadamente 10 céntimos), que te dan la posibilidad de abrir una posición con un par de billetes. Además, con el uso del apalancamiento (o *leverage*) puedes incrementar tu ROI sustancialmente. (Por supuesto, el apalancamiento también puede funcionar en tu contra, pero eso es algo que veremos más adelante).

Un operador de Forex no carga nada aparte de los costes de las transacciones, el *spread*. No hay costes administrativos, ni de suscripción, ni nada similar. Hay unos pocos brókers que cobran por transferir los fondos a tu banco, pero la gran mayoría solo cobran el *spread*.

SEMEJANZAS

Por su puesto, también hay semejanzas entre las divisas y las acciones. Con tan solo un poco de imaginación se podría ver a una divisa como la representación del estado económico del país que la utiliza, así como las acciones lo son del estado económico de la empresa que las emite. Cuando la Royal Dutch Shell publica unos resultados decepcionantes y anuncia que va a pagar menos dividendos, lo más probable es que el precio de las acciones de la Shell baje. Del mismo modo, es probable que el precio del euro baje cuando la mayor economía de la eurozona, Alemania, quede por debajo de las expectativas.

Otros factores que pueden influenciar en el valor de una moneda en el mercado Forex son: las cifras de desempleo, la confianza del consumidor, el gasto en consumo, las cifras de las exportaciones, las cifras de la producción y la confianza de los productores.

Si lo vemos de esta manera, entonces se podría decir que el mercado de divisas se parece de algún modo al de las acciones y que las divisas son, en cierto sentido, la representación del valor subyacente de algún tipo de empresa (incluso sin tener una correlación directa como en el caso de las acciones). Pero ten en cuenta que aunque el precio de la divisas se ve influenciado, al igual que el precio de una acción, por el valor subyacente del sistema económico que representan, la diferencia fundamental continua siendo que las divisas se emparejan las unas frente a las otras, mientras que las acciones solo se cotizan en base a su propio valor subyacente. Si alguna vez el mercado bursátil cambia a un sistema en el que puedas operar en Shell/BP, Toyota/Ford y Apple/Microsoft, entonces los mercados de acciones y divisas serían mucho más similares, pero las probabilidades de que esto ocurra son las mismas de que los Estados Unidos cambien su sistema por el de un capitalismo dictatorial de Estado al estilo chino.

¿POR QUÉ LAS RECESIONES NO TIENEN IMPORTANCIA PARA EL OPERADOR DE FOREX?

Como las operaciones con divisas se llevan a cabo emparejando a las unas frente a las otras, el mercado de cambio no se ve afectado por si hay recesión o no en una economía específica, o en la economía global al completo. Después de todo, la caída de una divisa en un par de divisas se traduciría automáticamente en la apreciación de la otra divisa del par.

Esto no quiere decir que las recesiones no puedan tener un impacto en el precio de una divisa, porque pueden, y sin duda lo hacen, pero no provocan ningún cambio para el operador de divisas. Cuando la libra esterlina cae a consecuencia de la entrada del Reino Unido en recesión, el operador de Forex vende GBP/USD y van en largo en el EUR/GBP. ¿La eurozona va peor que el Reino Unido? No hay problema, ¡entonces el operador simplemente va en corto en el EUR/GBP!

Evidentemente, también puedes ir en corto en el mercado de valores (aunque hay varios gobiernos que han limitado esta práctica aveces). Comprar *opciones de venta* hace posible que los operadores especulen con la caída de una acción en concreto y, cuanto más incierto sea el momento económico, más operadores bursátiles volverán a vender en corto. Pero, cuanto más largo sea el periodo de tiempo, menos se podrá evitar la tendencia alcista del mercado. Esto se debe simplemente a que las empresas de cotización oficial normalmente generan crecimiento y beneficios (cuando no lo hacen por un periodo de tiempo más largo, finalmente desaparecen del mercado de valores).

Por lo tanto, la base del mercado de valores está formada por inversores que poseen acciones como inversión para recibir los beneficios de la distribución de dividendos anuales y/o el retorno sobre la inversión por la propia acción cuando la vendan. Las recesiones dañan a estos inversores, porque las empresas venden menos, generan menos beneficios o sufren pérdidas, e incluso podrían quebrar (lo que haría que la acción no valiera nada).

No hay "uptick rule"

Como hemos mencionado antes, las autoridades financieras con frecuencia suelen limitar la posibilidad de ir en corto en el mercado bursátil, porque se piensa que estos fondos especulativos et al. podrían destruir compañías solventes en tiempos de incertidumbre económica al vender sus acciones en corto hasta que desaparezcan. Por consiguiente, durante los primeros meses de la crisis financiera de 2008, varios países prohibieron ir en corto (incluyendo Estados Unidos y Alemania, entre otros) por un tiempo.

Hasta 2007, Estados Unidos había estado limitando las ventas a corto a través de la llamada *'uptick rule'*, que declaraba que solo se podía ir en corto cuando el precio de una acción hubiera subido al menos un *tick*. Desde entonces, el SEC ha reemplazado a esta —muy ridiculizada-- norma por la *'regulación SHO'*, que se conoce como la *venta en corto al descubierto*. Sin embargo, según se informa, la SEC está estudiando la reintroducción de la regla *uptick*.[9]

Afortunadamente, cuando operes en el mercado Forex, no tendrás que preocuparte por esta clase de reglas anticapitalistas. Nadie levantará una ceja cuando vayas en corto en el mercado Forex en tiempos de dificultades económicas, porque todos los operadores de Forex venden pares de divisas en corto regularmente, sin tener en cuenta las corrientes económicas.

---

9   Muchos economistas y políticos han solicitado la reintroducción de la "regla *uptick*" tras su abolición en 2007. Tres días después de la caída de Lehman Brothers, el 18 de septiembre de 2008, el senador John McCain —el candidato a la presidencia del Partido Republicano por aquel entonces— dijo: "Las ventas cortas [convierten] a nuestros mercados en un casino". A principios de 2010 la SEC adoptó una regla *uptick* alternativa que se desencadena cuando los precios caen un 10% o más.

CAPÍTULO 5 OPERADORES INDIVIDUALES EN EL MERCADO FOREX

Como hemos aprendido, el mercado Forex se abrió para los operados privados hace relativamente poco tiempo. Esto guarda una estrecha relación con la revolución tecnológica que se inició con internet, que propició que una amplia gama de software para operar se pusiera a disposición de cualquiera que tuviera una computadora doméstica común y que estos usuarios, además, fueran capaces de comunicarse en línea directamente con las plataformas de operación de bancos y brókers.

Hasta hace quince o incluso diez años, el mercado de divisas había sido un terreno de juego exclusivo de bancos, gobiernos y grandes actores institucionales. Los grandes bancos internacionales intercambiaban los unos con los otros a través de avanzados sistemas de operaciones (como lo siguen haciendo hoy en día), mientras que el resto, incluyendo los bancos más pequeños, compraban y vendían divisas a través de esos bancos grandes.

PLATAFORMAS DE OPERACIÓN EN LÍNEA

El gran cambio se produjo cuando bancos y brókers empezaron a ofrecer un software en línea para comerciar al por menor a los operadores individuales. Gracias a la llegada de conexiones de internet y computadoras cada vez más rápidas, se hizo fácil transmitir una gran cantidad de datos financieros en línea, que los usuarios comunes recibían, y viceversa. De esta manera, los operadores individuales y los mercados financieros quedaron conectados a tiempo real.

Lo que importa más a la hora de elegir a un bróker es que tenga una plataforma de comercio estable, rápida y que ofrezca una amplia gama de opciones para que personalices tus posiciones. La capacidad de introducir órdenes de *stop loss* y *profit target* (toma de beneficios) viene de un modo estándar en todas las plataformas de comercio, pero ese no es el caso de otras opciones como las *limit orders* (órdenes limitadas), las cuales solo se desencadenan cuando el par de divisas alcanza un cierto nivel de precio, o las *trailing stops* (órdenes stop de seguimiento), que detienen el movimiento de tu posición cuando el cambio se mueve en tu dirección.

Muchos operadores también encuentran cada vez más importante el poder acceder a la plataforma de comercio a todas horas, bien sea con una computadora diferente, —en casa, en el trabajo, etc. — a través de un operador en la red, o con un teléfono inteligente o tableta. Por lo tanto, se recomienda buscar a un bróker que también ofrezca una versión en la web de su software (basado en Java, para que también sea compatible con computadoras Apple), así como aplicaciones para teléfono inteligente o tableta.

Otro avance importante de los últimos años ha sido el surgimiento de softwares de operación técnicos de acceso gratuito. Antes de los años 80, los operadores solo podían calcular los indicadores técnicos de las analíticas de un modo manual. Después, el software que se desarrolló para automatizar la tarea en los años siguientes, se puso solo a disposición de las salas de operación profesionales. Sin embargo, en la década pasada se permitió que todos pudieran acceder a él con facilidad.

Hoy en día, con tan solo abrir una cuenta de prueba, la mayoría de los brókers de Forex te ofrecerán unos instrumentos de operación muy sofisticados a nivel técnico, que hasta hace bastante poco solo estaban a disposición de operadores profesionales muy bien pagados.

Un pequeño consejo: no te pierdas demasiado a la hora de usar los indicadores técnicos. Realmente no necesitas implementar 20 indicadores diferentes para concebir una estrategia de operación exitosa. Los operadores más experimentados te dirán que solo algunos de los indicadores técnicos más conocidos son suficientes como herramientas para desarrollar una estrategia de operaciones que funcione. Pero hablaremos de esto más adelante en el libro.

EMPIEZA CON UN PEQUEÑO CAPITAL DE OPERACIÓN

En los primeros tiempos de las operaciones de divisas al por menor, el tamaño del lote mínimo para los operadores individuales era el de 1 lote estándar, lo que representa 100.000 unidades monetarias. Si utilizabas un apalancamiento de 100:1, –el apalancamiento máximo por aquel entonces— eran necesarios 1.000 dólares para comprar 1 lote estándar EUR/USD. Incluso si hubieras podido utilizar un apalancamiento de 400:1 –el apalancamiento máximo actual que la mayoría de los brókers de fuera de Estados Unidos ofrecen— aún hubieras necesitado 250 dólares para abrir una posición con un lote estándar. El valor de un *pip* era de alrededor de 10 dólares, con lo que operar en el Forex se consideraba a menudo como una propuesta demasiado cara para pequeños operadores privados.

Esto cambió con la introducción de los llamados *minilotes*, que equivalen a una décima de un lote estándar. En un minilote un *pip* solo vale 1 dólar y si utilizas un apalancamiento de 400:1, solo necesitarás 25 dólares para abrir una posición.

Hace poco tiempo, muchos brókers introdujeron un tamaño de lote incluso aún más pequeño, el *microlote*. Este, como probablemente ya habrás adivinado, equivale a una centésima del lote estándar, y el valor del *pip* es de 10 céntimos de dólar.

Todo esto quiere decir que para cuando quieras empezar por lo bajo como operador de Forex principiante, –lo cual es lo más inteligente que puedes hacer— tendrás suficiente con un par de cientos de dólares para operar con microlotes. Como 1 *pip* solo vale 10 céntimos en los microlotes, con un capital de operaciones de tan solo 200 dólares podrás ordenar 2.000 *pips*.

CAPÍTULO 6 PEQUEÑO LÉXICO PARA EL MERCADO FOREX

Cuando nos introducimos en un tema tan grande como el de las operaciones financieras, es fácil sentirse abrumado ante el aluvión de nuevos términos, definiciones y conceptos. Este libro no es diferente en ese aspecto y desafortunadamente no hay manera de evitarlo. Continuar explicando cada término a lo largo del libro no solo sería muy poco práctico, sino que te dejaría poco preparado para utilizar las plataformas de comercio en línea o leer otros libros acerca del cambio de divisas, porque todos ellos utilizan la misma terminología.

En este capítulo vamos a ver algunos de los términos más importantes. Esta lista también viene publicada en la parte final de libro para que puedas utilizarla como referencia fácil siempre que lo necesites. Los términos que vienen a continuación se utilizan con mucha frecuencia a lo largo de este libro, por lo que te recomiendo encarecidamente que intentes comprender su significado antes de seguir adelante.

Abrir una posición

Esto significa comprar o vender uno o más lotes. Por ejemplo, puedes abrir una posición en el mercado Forex comprando 1 minilote EUR/USD.

Largo o corto

Siempre que quieras especular con que una divisa va a subir de valor, vas en largo en esa divisa. De un modo inverso, a especular con va a caer se le llama ir en corto (también se conoce como *shorting* o tomar posiciones cortas) en la moneda.

Stop Loss (detener pérdidas)

Este es un precio predeterminado, en algún lugar bajo el umbral de rentabilidad, al cual se cierra una posición para evitar futuras pérdidas. Por ejemplo, imagínate que compras 1 lote de GBP/USD a 1,6250 dólares, y colocas una *stop loss* en 1,6180 dólares, entonces tu pérdida máxima sería de 70 *pips*. En otras palabras, una *stop loss* te da la posibilidad de determinar, por adelantado, cuántas pérdidas exactamente estás dispuesto a asumir para una posición dada. Especialmente como principiante, siempre debes colocar una *stop loss*.

Take Profit (toma de beneficios)

Un precio predeterminado, en un lugar por encima del umbral de rentabilidad, al cual se cierra una posición para recoger los beneficios. Funciona igual que el *stop loss*, solo que en este caso la posición se mueve a tu favor. Muchos operadores colocan una *take profit* (también conocida como *profit target* o toma de beneficios) para evitar actuar demasiado pronto por miedo, o demasiado tarde por codicia. Poner una *take profit* no es tan esencial como poner una *stop loss*, pero por norma general los principiantes harían bien en utilizar la opción *take profit*, porque les inculca el hábito de operar de acuerdo con un plan predeterminado, que es uno de los prerrequisitos más importantes para tener éxito como operador.

Bulls y Bears (alcistas y bajistas)

Tradicionalmente, el sobrenombre que se les da a los operadores que piensan que el mercado va a subir es 'bulls' (alcistas), mientras que a aquellos que piensan que va a bajar, se les llama 'bears' (bajistas). Por algo no es casual que haya una estatua de un gran toro de bronce en la plaza de Wall Street en la ciudad de Nueva York; esta simboliza el 'optimismo del capitalismo' (*bullishness of capitalism*).[10]

Bid y ask (venta y compra)

El bróker siempre ofrece dos precios para un par de divisas, el de venta y el de compra (bid y ask). El precio de bid, siempre es el más bajo de los dos y es el precio por vender o tomar posiciones cortas en un par de divisas. El precio de ask te dice a qué precio puedes comprar el par de divisas. A la diferencia entre los dos precios se le denomina *spread*.

Spread

La diferencia entre los precios de la compra y de la venta, que es además lo que el bróker se embolsa normalmente por los servicios prestados (es decir, por abrir posiciones en tu nombre). De esta manera, cuando el precio de venta por el EUR/USD es de 1,4000 (bid) y el de compra de 1,4003 (ask), el spread es de 3 *pips*.

Divisa base y divisa cotizada

Como hemos dicho, siempre se opera con divisas en pares. Puedes comerciar el euro frente al dólar, la libra, el yen, etc. La primera divisa que se menciona en un par de divisas es la *divisa base*. Esta es la divisa que estás comprando de facto cuando compras un lote. Por ejemplo, cuando compras un lote EUR/USD, esto significa que vas en largo en el euro. La segunda divisa, en la cual se expresa la divisa base, se llama *divisa cotizada*. Por lo tanto, en el par de divisas EUR/USD, el dólar es la divisa cotizada y el valor del euro se expresa en dólares.

---

10   El Toro de Wall Street (en inglés: Wall Street Bull, Bowling Street Bull o Charging Bull, toro embistiendo), es una estatua de bronce de Arturo Di Modica que pesa 3.200 kilogramos. Se identifica como un símbolo del capitalismo y se encuentra ubicada en Bowling Green Park, cerca de Wall Street, Manhattan, Ciudad de Nueva York.

Divisas cruzadas

Estos son los pares de divisas en los cuales el dólar estadounidense ni es la divisa base, ni la cotizada. Algunos ejemplos son: EUR/GBP, EUR/JPY, GBP/JPY. Como estos pares de divisas son menos *líquidos* (es decir, que se comercian menos), su *spread* es mayor.

Gráfico de velas

El modo más popular de registrar el desenvolvimiento del precio de un par de divisas es mediante la utilización de un gráfico de velas. Este está compuesto por 'velas' de dos colores (normalmente rojo y verde), uno para representar un periodo de alza del precio, y el otro un periodo de caída de precios. El punto más bajo de la vela muestra el precio más bajo que se alcanzó durante el periodo, mientras que el punto más alto de la vela muestra el precio más alto alcanzado. Una vela verde significa que el precio se cerró en el extremo superior del cuerpo (la parte ancha) de la vela y una vela roja significa que el precio se cerró en el extremo inferior del cuerpo.

Cuenta la leyenda que el gráfico de velas fue inventado en el siglo XVII por un comerciante de arroz japonés que estaba buscando un modo mejor de entender el desarrollo del precio de, bueno, del arroz.

Se ha escrito mucho acerca de los diferentes patrones que se pueden distinguir en los gráficos de velas.[11] Por esa razón no tendrás problemas para encontrar un montón de información si quieres saber más sobre los 'Tres Soldados Blancos' (Three White Soldiers), la 'Ichimoku Cloud' y otros maravillosos patrones de gráficos que parecen haber salido de una versión adulta de Pokémon.

Apalancamiento

El apalancamiento es la ratio entre el valor subyacente de las transacciones y la cantidad de dinero que se invierte realmente para cubrir pérdidas. Esto hace que especular con un instrumento financiero resulte mucho más fácil para operadores que solo tengan un capital pequeño para operar, porque solo necesitan una fracción de la cantidad total de dinero que están controlando.

Ejemplo: Si vas a utilizar un apalancamiento de 400:1 (el apalancamiento máximo para la mayoría de los brókers de Forex) solo necesitarás 2,50 dólares de fondos disponibles para abrir un microlote de EUR/USD.

1 Microlote = 1000 unidades

Apalancamiento 400:1

---

11   Según muchas opiniones, la "Biblia" de los gráficos de velas es el libro *Las velas japonesas: Una guía contemporánea de las antiguas técnicas de inversión de Extremo Oriente*, de Steve Nilson.

Fondos disponibles necesarios = 1000/400 = 2,50 dólares

Dado que un *pip* son 10 céntimos cuando compras microlotes, con 2,50 dólares puedes comprar un fondo de 25 *pips,* que el precio puede mover en contra de tu posición (antes de que se cierre automáticamente). Dicho de otra manera, con un apalancamiento de 400:1 puedes controlar divisas por un valor de 1.000 dólares con una inversión de tan solo 2,50 dólares.

Evidentemente, el apalancamiento es un arma de doble filo, porque magnifica tanto las pérdidas como las ganancias. También es lo que abre el mercado Forex para los operadores pequeños, los cuales quieren operar en el mercado financiero de un modo más agresivo, de modo que puedan obtener mayores beneficios.

Lote estándar

Una unidad de medida que representa 100.000 unidades de una divisa. Desde hace un tiempo a esta unidad de medida se le han unido los minilotes (10.000 unidades) y los microlotes (1.000 unidades).

Pip

El precio más pequeño que se mide para un par de divisas. El cuarto número tras la coma decimal para la mayoría de los pares de divisas (por ejemplo, para el EUR/USD: 1,4522 dólares)

Resistencia y soporte

Los niveles de precios que un par de divisas encontró difíciles de romper en el pasado o que forman una barrera natural, como el nivel psicológico de los 1,5000 dólares para el EUR/USD.

Los puntos de resistencia son los niveles de precios que un par de divisas al alza tiene problemas para romper. Cuanto más a menudo se detenga el rally de un par de divisas en un nivel de resistencia específico, más fuerte se dirá que es la resistencia.

Lo mismo ocurre con el soporte, pero en este caso cuando los precios caen.

OPERAR EN EL MERCADO FOREX TÚ MISMO

CAPÍTULO 7 TU PRIMERA CUENTA DE FOREX

Con la práctica es como mejor se aprende. Pero, en lo que se refiere a las operaciones de Forex, esto no significa que tengas que vaciar tu cuenta de ahorros y lanzarte. Por el contrario, el mercado de intercambio de divisas tiene muy poca compasión con los principiantes imprudentes. Por otra parte, tampoco puedes aprender a nadar sin meterte en el agua, así pues, si quieres llegar a ser un operador de divisas exitoso, tienes que comerciar con divisas de verdad (si esto no tiene sentido para ti, quizás este sea el mejor momento para que te busques algo menos desafiante). No obstante, gracias a los microlotes, hoy en día es suficiente con un par de cientos de dólares en lugar del par de miles (o más) que eran necesarios antes como capital de operaciones mínimo.

Eso sí, aunque siempre puedes tener la suerte del principiante, ten en cuenta que abrir una posición de GBP/USD con un apalancamiento de 400:1, no es lo mismo que comprar 100 acciones de Apple. Especular en el mercado Forex mientras utilizas apalancamiento es rápido, dinámico y fluido. Puede darte muchos beneficios, pero al mismo tiempo puede ser poco rentable y arriesgado. Los operadores de Forex más experimentados a menudo suelen aprovecharse de los errores de los operadores principiantes, como serían colocar las órdenes de *stop loss* y *profit target* a niveles de precios obvios, o comprar en rallies de cobertura corta. Pero debido a que en el mercado Forex los unos operan frente a los otros, —como en una partida de póker— los perdedores pagan a los ganadores. El banco —el casino, por así decirlo— es solo un intermediario.

Información adicional: En realidad es más complejo, porque los bancos también operan para sus propias cuentas, que es lo que se conoce como 'operaciones por cuenta propia'. Sin embargo, cada vez más y más gobiernos están restringiendo esto, especialmente cuando viene acompañado de actividades de banca comercial. Esto se debe a que la crisis de 2008 mostró (una vez más), lo peligroso que puede resultar que los bancos operen activamente para sus propias cuentas con el dinero de sus clientes.

¿Es posible ganar mucho dinero como operador de Forex? Sin dudas, sí. Los operadores inteligentes y con talento pueden desarrollar una pequeña fortuna en relativamente poco tiempo, a pesar de haber comenzado con un pequeño capital de operaciones. Pero no te convertirás en uno de ellos si te lanzas a lo loco siendo totalmente inexperto y comprometiendo más dinero del que te puedes permitir perder. Así pues, empieza poco a poco y crece, en lugar de empezar a lo grande para acabar siendo pequeño.

CAPITAL NECESARIO PARA OPERAR

La cantidad de capital que necesitas para operar en el mercado Forex depende de tu(s) meta(s).

Cuando estás empezando y lo único que quieres es comprobar si el intercambio de divisas es para ti o no, no necesitas más de 200 dólares. Si los utilizas para abrir una microcuenta con un bróker de Forex, puedes operar con posiciones de microlote de 1.000 unidades (1 pip = 10 céntimos de dólar) y obtener un fondo de 2.000 pips. Esto sería lo bastante como para una llevar a cabo una gestión del dinero conservadora (veremos esto más adelante) y más que suficiente como para permitirte operar por un tiempo mientras aprendes de tus errores.

Si realmente quieres descubrir si podrías ganarte la vida operando en el mercado Forex, un capital de 200 dólares sería más que suficiente para hacer la prueba y comprobar si comerciar de un modo rentable y constante va contigo. Un fondo de 2.000 pips al nivel más bajo es suficiente como para que la mayoría de las estrategias sobrevivan a los swings. (Evidentemente, cuanto menor sea tu capital de operaciones, más baja será la cifra total de tus beneficios; por lo tanto, no esperes que 200 dólares te generen un flujo de capital lo bastante alto como para que dejes tu trabajo habitual).

Muchos operadores principiantes pierden su primer capital de operaciones. Hay varias razones para esto. Por ejemplo, para encontrar una estrategia adecuada para ti, necesitas tiempo y dinero, así como aprender a proteger tu capital a través de una gestión adecuada de los riesgos. Además, operar en un mercado tan rápido y excitante como el financiero encierra algunas trampas psicológicas. Tendrás que aprender a lidiar con la frustración de ver como se desploman posiciones que parecían muy prometedoras, a veces las unas detrás de las otras. Tendrás que adquirir la disciplina necesaria como para detenerte a ti mismo cuando tu parte emocional te empuje a tomar más riesgos —para compensar rápidamente las pérdidas anteriores—. No todo el mundo tiene lo que se necesita —una personalidad racional y calculadora, especialmente bajo presión— para convertirse en un operador de Forex exitoso.

Es importante comprender desde el principio que aprender cómo convertirse en un operador que genera beneficios de un modo regular, es algo que requiere de tiempo, dinero y paciencia. Así que no te lances a lo loco ahora mismo con un dinero que no te puedas permitir perder, ni abandones cuando fracase tu primera tentativa y pierdas tus primeros 200 dólares.

Obviamente, no puedes vivir del comercio en el Forex con un capital de operaciones de 200 dólares. Aunque en realidad, ahora que estás empezando, no tiene sentido que te pongas a pensar en el capital que necesitarías para sobrevivir como operador a tiempo completo. Una pregunta que, planteada de esta manera, no tiene una respuesta fácil, porque depende de una gran cantidad de factores, como la estrategia de operación que utilices, el ingreso mensual que necesites y cuánto deberías tener en tu cuenta de operaciones para sentirte cómodo con tu fondo.

Por lo tanto, lo primero que tienes que hacer es tomarte un tiempo para averiguar si eres capaz de obtener beneficios durante un periodo largo de tiempo. Así pues, empieza con una capital de operaciones de entre 200 – 1.000 dólares, opera con lotes de tamaño pequeño, asegúrate de cubrir tus riesgos cuando abras cada posición (colocando una *stop loss*) y concédete algún tiempo para aprender de tus (inevitables) errores.

ELEGIR AL BRÓKER DE FOREX CORRECTO

Comerciar con divisas es una forma activa de especulación. Incluso los operadores con un horizonte de inversión de semanas o meses, comprueban y corrigen sus posiciones con regularidad para ampliar algunas, finalizar otras, abrir posiciones en otros pares de divisas, etc. Por esta razón, es posible que interactúes más con la plataforma de operaciones que proporcione o use tu bróker de Forex, que con los servicios en línea que utilices para invertir en acciones.

Puesto que es bastante probable que utilices la plataforma de operaciones de un modo muy intensivo, es importante que tengas en cuenta su aspecto y su funcionalidad, así como la calidad de la atención al cliente que ofrezca el bróker: ¿dispone de un e-mail o chat en vivo, o también hay asistencia telefónica? ¿Funciona todos los días de la semana o solo cinco? ¿Y cómo de agradables son los agentes del servicio de atención al cliente? Estas cuestiones podrían parecerte triviales ahora mismo, pero en el futuro podrías tener problemas para acceder a tu cuenta, o para realizar retiradas de dinero. Estas cosas ocurren y, la manera en la que tu bróker las gestiona, es lo que marca la diferencia.

Si utilizas una computadora de Apple, asegúrate de que el software de operaciones que ofrezca el bróker admita iOS. Además, aunque podría haber formas de superar este problema, siempre es mucho más práctico si el bróker ofrece una *web trader* o plataforma de operaciones (que esté basada en Java).

Otro aspecto a considerar es la autoridad financiera reguladora. Un bróker regulado por la Autoridad de los Servicios Financieros Británicos (FSA), o la Autoridad de Regulación Financiera de Alemania (BaFin), inspira más confianza que otro regulado por el supervisor financiero de Panamá o Mauricio (si tiene alguna regulación). Un bróker no regulado no tiene por qué ser malo, pero el hecho de que un bróker esté regulado por una autoridad financiera independiente, o un país con buena reputación en el mundo financiero, es sin duda una ventaja.

En *www.forexinfo.es* puedes encontrar una comparativa de los brókers más importantes.

¿CUENTA DE PRUEBA O CUENTA REAL?

La respuesta para esta pregunta es simple: necesitas ambas. Solo hay una diferencia entre una cuenta de prueba y una real: el dinero. Con la cuenta de prueba solo puedes utilizar *dinero ficticio*, mientras que la cuenta real es para operar con *dinero real*.

Es imposible aprender a operar de un modo que dé beneficios utilizando únicamente una cuenta de prueba. Esto guarda una estrecha relación con la parte psicológica de la acción de operar. ¿Cómo reaccionas bajo presión?, ¿qué haces si la posición se vuelve en tu contra cuando está muy cerca de la *profit target* que habías puesto un momento antes?, ¿mueves la *stop loss*?, ¿cómo empezarías tu jornada como operador tras haber cerrado el 70% de tus posiciones a la fuerza durante tres días seguidos, cuando normalmente solo el 30% de tus operaciones tienen pérdidas?

Estas son solo algunas de las situaciones a las que tendrás que enfrentarte como operador. Experimentarás estas situaciones de un modo muy diferente cuando haya dinero real involucrado en lugar de dinero ficticio. Del mismo modo que no puedes aprender a hacer surf en la arena, o a jugar al póker con cerillas (a no ser que cada cerilla valga 100 dólares), tampoco puedes convertirte en un operador de Forex de éxito comerciando con dinero ficticio.

Dicho esto, sin duda una cuenta de prueba te puede ayudar a comprender la dinámica de una plataforma de operaciones nueva, o a probar nuevas estrategias de comercio. A la hora de tantear una nueva estrategia, operar sin dinero real es una gran ventaja, porque eso te permitirá analizar el sistema en unas condiciones óptimas, sin que el estrés nuble tu juicio.

ABRIR TU PRIMERA POSICIÓN

Bien, por si aún no lo has hecho, vamos a abrir tu primera posición ahora mismo. Escoge un bróker de tu agrado en www.forexinfo.es y abre una cuenta de prueba. O, si quieres empezar un poco más en serio ahora mismo, abre una cuenta real y deposita alrededor de 200 dólares.

Ahora vamos a suponer que piensas que el precio del euro va a caer frente al del dólar. Quizás haya habido algunas noticias negativas acerca del paro en Alemania, tras lo cual hayas mirado el gráfico de velas EUR/USD y visto un patrón claro de tendencia bajista.

Inicia sesión en la plataforma de operaciones de tu bróker, bien sea con tu computadora, a través del *web trader*, o bien a través de una aplicación de tu teléfono inteligente o tableta. Después busca el par de divisas EUR/USD y haz clic en 'vender'. A continuación, tendrás que especificar cómo será tu orden de venta y, esto es muy importante, porque te permitirá limitar el riesgo y determinar una *profit target.*

El tipo del EUR/USD puede variar fácilmente 100 *pips* en cualquier sentido o cualquier día (recuerda, un *pip* es el cambio del precio más pequeño posible, en este caso el cuarto número tras la coma). Ahora bien, como tú no quieres llevarte ninguna sorpresa desagradable, vas a poner una *stop loss.*

En este momento por ejemplo, el EUR/USD está a 1,4215 dólares. Tras haber estudiado el gráfico de velas con anterioridad, has concluido que el par podría romper la barrera de los 1,4250 dólares, y que tendría posibilidades de seguir subiendo. Por lo tanto, colocas tu *stop loss* a 1,4260 dólares. Si el EUR/USD alcanza un precio de 1,4260, tu posición se cerrará automáticamente, lo que situará tus pérdidas máximas potenciales en 45 *pips*. La cantidad de dinero que sea, dependerá del tamaño de la posición.

Debido a que todavía no tienes experiencia como operador en el mercado Forex, decides abrir solamente una posición de un microlote (1.000 unidades, 1 *pip* es un céntimo de dólar). Tu pérdida máxima en este caso sería de 45 x 10 céntimos de dólar + un *spread* de 3 *pips* = 4,8 dólares.

Si utilizas un apalancamiento de 400:1, necesitarás tener como mínimo 2,5 dólares en tu cuenta para abrir una posición de un microlote de 1.000 unidades. Entonces el precio se podría mover 25 *pips* en contra tu posición antes de que se cierre automáticamente.

Sin embargo, en este caso eliges darle un poco de espacio a tu posición, por lo que reservas 4,5 dólares. El *spread*, que es lo que el bróker carga por abrir la posición, se descuenta de tu cuenta en ese momento, pero los beneficios no serán enviados a tu cuenta hasta que la posición se cierre.

Como no esperas que el EUR/USD baje más allá de los 1,4000 dólares, pones una orden *profit target* a 1,4005 dólares. Como hemos dicho, colocar una *profit target* no es tan esencial como colocar una *stop loss*, pero te puede ayudar a planificar tu operación, pues evita que te salgas demasiado pronto o tarde. Se recomienda mucho que los principiantes coloquen tanto una *profit target*, como un orden de *stop loss*. No obstante, no solo los principiantes utilizan las *profit targets* y *stop loss*, pues muchos operadores experimentados también lo hacen. Aparte de actuar como protección contra las posibles decisiones emocionales que se puedan tomar durante la operación, también son muy útiles para todas aquellas situaciones (terremotos, caídas de internet, una cita especial) en las cuales no puedes cerrar la posición manualmente.

Estás arriesgando 45 *pips* para ganar 210 *pips*. Incluso si la operación solo tuviera éxito un 25% de las veces, todavía obtendrías un buen beneficio. Observa: Perderías 165 pips (3 x 45) y ganarías 210 *pips* (1 x 210), lo que daría un beneficio neto de 75 *pips*. Tras deducir 4 x 3 *pips* del *spread*, tu beneficio neto ascendería a 63 pips de 4 transacciones. No está nada mal.

Una vez que estés satisfecho con el modo en el que has configurado la operación, dale a 'enviar'/'abrir'/'¡Gerónimooooo!' y la posición quedará abierta. ¡Ya eres oficialmente un operador de Forex!

GESTIÓN DEL DINERO

Los operadores de Forex a menudo subestiman la importancia de la gestión del dinero (en inglés: Money Management). Suelen dedicar mucho tiempo a la búsqueda y el ajuste de la última estrategia de operaciones, pero con frecuencia pasan por alto la cuestión de cómo gestionar mejor el capital disponible. Por cierto, lo mismo suele suceder en cuanto a la psicología que se requiere para operar en los mercados financieros. Pero veremos esto con más detenimiento en otro capítulo.

La gestión del dinero —o mejor dicho, la ausencia de la misma— es una de las razones más importantes por las que muchos operadores principiantes pierden su capital de operaciones en un abrir y cerrar de ojos. Entonces se desilusionan y dejan de operar por completo. Confía en mí, lanzarse de inmediato y depositar 2.000 dólares con un riesgo de 200 dólares por operación, no te llevará a ningún sitio, ni hará que avances más deprisa.

Regla número 1: Sobrevive

Tanto si eres un principiante como un operador experimentado, la misión más importante que tienes es la de permanecer en el juego (bueno, tu misión más importante después de ganar el dinero, claro). Perder en operaciones es inevitable, pero cuando te arruinas, te privas a ti mismo de la oportunidad de compensar esas pérdidas realizando operaciones que tengan beneficios.

Por lo tanto, es importante que averigües qué porcentaje de tus operaciones son beneficiosas y qué ratio de riesgo/recompensa (risk/reward) tienes como promedio por operación (cuántos *pips* arriesgas para conseguir x *pips* de beneficios). En base a esto obtendrás un indicador de cuánto puedes arriesgar por operación y cuál es tu "Esperanza Matemática" o Valor Esperado por operación.

Ejemplo

Si suponemos que 1 de cada 4 de tus operaciones es rentable y que tienes un ratio de riesgo/recompensa por operación de 1:5, esto significa que arriesgas 1 *pip* para ganar 5 *pips* como promedio.

Vamos a suponer también que, como promedio, arriesgas 40 *pips* por posición, lo cual, teniendo en cuenta tu ratio de riesgo/recompensa de 1:5, significa que puedes obtener 200 *pips* con tus operaciones ganadoras.

Como solo 1 de cada 4 de tus operaciones genera beneficios, perderás 3 x 40 *pips*, si bien ganarás 1 x 200 *pips* como promedio. Así pues, como promedio tendrías un beneficio bruto de 80 *pips* por 4 operaciones. Tras deducir 4 x 3 *pips* en concepto de *spread,* tu beneficio neto sería de 68 *pips*. De esta manera, tu Valor Esperado sería de 68/4 = 17 *pips* por operación.

La buena noticia es que tu estrategia de operación de Valor Esperado da un resultado positivo. La mala... bueno, en realidad no es una mala noticia, siempre y cuando te des cuenta de que esa rentabilidad de 1 de cada 4 operaciones es tan solo un promedio; es fácil que te vaya mucho peor durante periodos más largos de tiempo (o mejor). Por esa razón debes tener un fondo saneado en tu capital de operaciones.

Una buena regla general consiste en tener al menos 10 veces el capital necesario para producir una operación ganadora. Siguiendo el ejemplo anterior, tendrías que tener un capital suficiente para 40 operaciones (porque, como promedio, tendrás que realizar 4 operaciones para producir una ganadora).

Ahora bien, como es obvio, no puedes saber cuántas de tus operaciones van a ser ganadoras desde el principio, por eso, lo más sensato que puedes hacer es tener el capital suficiente como para un mínimo de 40 o 50 operaciones. Suponiendo que cada operación sea del tamaño de una posición de un microlote (1 *pip* = 10 céntimos de dólar) y que necesites un margen de alrededor de 50 *pips*, entonces necesitarás 5 dólares de capital para cada operación (50 *pips* multiplicados por 10 céntimos). Por lo tanto, si quieres tener el capital suficiente para 50 operaciones, necesitas 50 x 5 dólares = 250 dólares.

Otra regla general que se usa con frecuencia es la de nunca debes arriesgar más del 2,5% de tu capital por operación. No tienes que seguir esta regla religiosamente, —esto significaría que tendrías que recalcular cuántos *pips* puedes arriesgar después de cada operación— pero sería conveniente que la tuvieras en cuenta.

Trataremos con más profundidad el tema de la gestión del dinero más adelante en el libro.

¿CUÁL SERÍA UN RETORNO SOBRE LA INVERSIÓN REALISTA?

La cuestión sobre cuál sería un retorno sobre la inversión (ROI por las siglas en inglés de *return on investment*) realista en las operaciones de Forex se plantea con frecuencia, pero, desafortunadamente, no tiene una respuesta simple. En muchas ocasiones sale a relucir la cifra de un 35% (como ROI anual). Pero aunque este no sería un mal retorno sobre la inversión en absoluto (el retorno sobre la inversión en el mercado de valores para un periodo de 30 años es algo entre un 8%-12% anual), es una cifra que parece sacada de la chistera.

El ROI anual —el valor de la rentabilidad de una inversión en un año determinado— depende de varios factores, entre los que se encuentran la estrategia de operaciones elegida, el riesgo que encierra cada operación y la frecuencia con la cual se reinvierte una inversión inicial.

Por ejemplo, un operador corriente que empiece con un capital inicial de 250 dólares, abra unas diez posiciones con microlotes al año y gane 500 *pips* al año, o tenga un beneficio de 50 dólares, consigue un retorno sobre la inversión del 20% por su inversión inicial de 250 dólares. Si doblara la frecuencia de sus operaciones, también podría doblar su ROI. Obviamente, aumentar nuestro ROI no siempre resulta así de fácil, pero a veces lo único que un operador necesita es más tiempo para operar más a menudo. Otra cosa a tener en cuenta es que, ni todas las estrategias son adecuadas para cada operador, ni todos los operadores tienen el mismo *apetito de riesgo*, incluso aunque esto fuera a significar un retorno sobre la inversión (mucho) mayor.

Un especulador que ejecute 100 operaciones al día y gane un promedio de 0,5 *pips* por operación, necesitaría realizar 100 operaciones para obtener la misma cantidad de *pips* que el operador corriente que hemos mencionado antes. Sin embargo, como el especulador es mucho más activo con su capital de operaciones —pues ejecuta 100 operaciones al día en lugar de 10 al año— puede alcanzar con facilidad un ROI muchísimo mayor sobre su inversión inicial.

Pero cuando tan solo estás empezando como operador de Forex, lo más sensato es que te centres en el valor esperado de cada operación y que te asegures de que este sea positivo (supervisando de cerca tu ratio de riesgo/recompensa) en lugar de dejarte guiar a ciegas por el posible ROI anual. Eso ya llegará más adelante.

Después, cuando obtengas beneficios de un modo regular en el mercado Forex, podrás intentar averiguar si el ROI que consigues con tu estrategia de operaciones queda en buen lugar en comparación con lo que otros operadores del mismo tipo están consiguiendo al utilizar esa misma estrategia.

OPERAR DE UN MODO AUTOMATIZADO, ¿SÍ O NO?

Cuando hablamos de operar de un modo automatizado, debemos distinguir dos tipos:

1. 1. Construir tu propio *expert advisor (asesor experto)* (también conocido como robot de Forex).
2. 2. Comprar un *expert advisor* que ya exista.

Tu propio expert advisor

Todas las estrategias de operaciones se pueden automatizar, aunque algunas son más fáciles de definir en cuanto a parámetros relevantes que otras. Si tienes algunas aptitudes para la programación, puedes plantearte construir tu propio *expert advisor* / *robot* de Forex.[12]

La idea consiste en programar las condiciones que se tienen que cumplir para que tu *expert advisor* (EA) active las operaciones, tras lo cual el EA tomará posiciones por ti siempre que se cumplan tales condiciones. O bien, si no quieres un sistema totalmente automatizado (llevado por el temor a que tus increíbles poderes como programador desencadenen un mundo gobernado por robots), puedes configurar el EA para que simplemente te avise cuando se inicie el mecanismo.

Trabajar con tu propio *expert advisor* puede tener varias ventajas importantes. Una de ellas, es que la emoción queda fuera de la ecuación, ya que, después de todo, el robot solo activará las posiciones cuando ciertas condiciones predefinidas de un modo racional se cumplan. Otra es que abre el camino para que abordes tu estrategia de operaciones de un modo mucho más analítico, lo que hará más fácil que la corrijas más adelante. En último lugar, el uso de un *expert advisor* te permitirá aprovechar (muchas) más oportunidades para operar, puesto que el EA supervisará los mercados por ti, tanto para avisarte cuando un par de divisas alcance las condiciones predefinidas, como para abrir una posición directamente en esos casos.

Hay un software disponible para ayudarte a construir un EA, pero como hemos indicado, es necesario tener conocimientos de programación.

Comprar un expert advisor /robot de Forex que ya exista

Comprar un EA que prometa funcionar *sin necesidad de configuración* normalmente sirve de poco. Como no has construido el robot de Forex tú mismo, no tendrás una noción de los parámetros subyacentes que definen la configuración, lo que incrementa las posibilidades de que la estrategia de operaciones no sea la adecuada para ti.

Allí donde sea posible cambiar los parámetros de tu EA, quizás podrías hacer algunos ajustes que te permitan obtener una estrategia de operaciones beneficiosa, pero una vez más, si el EA está basado en unas premisas incorrectas, ya puedes hacer todas las correcciones que quieras, que nunca conseguirás un sistema de operaciones que te dé beneficios de un modo constante.

---

12   Si quieres construir un *expert advisor* para la plataforma de operaciones MetaTrader 4, por ejemplo, utiliza el lenguaje de programación MQL4.

La opción más interesante en cuanto a *expert advisors* sigue siendo, por tanto, la de construir uno tú mismo (o que lo construya una persona cualificada) en base a los parámetros de configuración que tú mismo has comprobado.

5 CONSEJOS QUE TE AHORRARÁN DINERO

Los 5 consejos de la lista que viene a continuación se mencionan a lo largo de todo el libro. Esto se debe a que, aunque no pueden garantizarte el éxito, — nada puede hacerlo, o de lo contrario todo el mundo tendría éxito— pueden ahorrarte mucho dinero. La experiencia demuestra que muchos operadores de Forex principiantes pierden mucho dinero sobre todo porque fallan a la hora de seguir los siguientes cinco principios:

1. Gestión del dinero

La regla número uno para todos los operadores de Forex consiste en sobrevivir. Todos los operadores tienen operaciones perdedoras, pero cuando te arruinas, caes en una situación desde la cual ya no puedes lanzar más posiciones ganadoras. Por lo tanto, antes de nada, debes asegurarte de seguir en el juego. Muchos principiantes y/u operadores que pierden por sistema, se enfocan exclusivamente en tener una estrategia de operaciones que genere beneficios. Pero, aunque una buena estrategia de operaciones es, sin duda, muy importante, gestionar del dinero con firmeza, así como tener una actitud racional y disciplinada ante las operaciones, te llevará más lejos a la larga. Aquí tienes dos reglas generales en cuanto la buena gestión del dinero: no arriesgues más del 2,5% de tu capital por operación, y asegúrate de tener el suficiente capital de operaciones para realizar al menos 40 operaciones cuando seas un principiante.

2. Utiliza siempre un orden de stop loss

El orden de *stop loss* probablemente sean el arma más poderosa de tu arsenal como operador de Forex, algo parecido a lo que es el *fold* o retirarse para los jugadores de póker profesionales (si eso significa algo para ti). El *stop loss* te permiten predeterminar tu riesgo hasta el último *pip*, por lo tanto, ¡úsalas SIEMPRE!

En realidad, poner un *stop loss* solo tiene ventajas. Te fuerza a pensar acerca de cuándo se consideraría fallida la operación que estás a punto de poner. Si después de haber puesto una posición esta va mal, podrías intentar convencerte a ti mismo para mantenerla en base a toda clase de excusas irracionales. Pero si has puesto un *stop loss* antes de abrir la operación (cuando todavía pensabas de un modo lógico), siempre tendrás ese letrero luminoso ante ti para recordarte que si permanecieras en esa operación tras la activación del *stop loss*, serías un idiota débil y emocional.

Poner un orden de stop loss también te obliga a reflexionar sobre tu ratio de operaciones con beneficios y con pérdidas. Supongamos que quieres arriesgar 50 *pips* para ganar 100 *pips*, eso significaría que necesitarías una operación ganadora al menos el 33% de las veces para alcanzar el equilibrio. ¿Tu estrategia produce una operación con beneficios el 33% de las veces?

Otra ventaja del *stop loss* es que ya no tendrás que preocuparte por si una operación mal elegida destruye la totalidad tu cuenta, pues si va mal, y por alguna razón no puedes cerrarla manualmente, la detendrá. Así que acuérdate de poner un *stop loss* siempre y nunca la muevas tras abrir la operación.

3. Sé realista

A no ser que tengas una suerte increíble, no puedes esperar a que el 80% de tus posiciones se cierren con beneficios, ni que un capital de operaciones de 500 dólares se convierta en mil en seis meses. Como ser humano, esa clase de expectativas solo te llevarán a la decepción, la frustración y el fracaso (a no ser que tengas mucha, pero que mucha suerte). Intenta ver las cosas desde un punto de vista realista desde el principio. Determina un porcentaje de operaciones ganadoras que puedas conseguir teniendo en cuenta tu estrategia y experiencia. Cuando tengas una visión clara de tus herramientas de operación y condiciones, entonces te resultará mucho más sencillo trabajar para conseguir una estrategia de operaciones que te dé beneficios.

Por ejemplo, supongamos que eres un *day trader* (operador intradiario) con una estrategia de operaciones en la que arriesgas, como promedio, 15 *pips* para ganar 30. Tras realizar 200 operaciones, resulta que el 50% de tus operaciones alcanzan su *profit target* de 30 *pips*; mientras que el otro 50% van mal y activan tu *stop loss*. De esta manera, habrás ganado 100 x 30 *pips* = 3.000 *pips* y perdido 100 x 15 *pips* = 1.500 *pips* para obtener un beneficio en bruto de 1.500 *pips* en total. Beneficio bruto, porque todavía tienes que deducir el *spread*, esto es, el coste de la transacción que le pagas a tu bróker, ¿recuerdas? Digamos que el *spread* es de 2 *pips* por posición, lo que significa que tus 200 operaciones te habrán costado 400 *pips*. Tu beneficio neto será entonces de 1.100 *pips* por 200 operaciones o de 5,5 *pips* por operación.

Evidentemente, los datos sobre 200 operaciones no son suficientes como para darles una importancia estadística, pero al menos te darán algo sobre lo que trabajar: como promedio, cada operación te genera un lucro de 5,5 *pips*.

4. Interactúa con otros operadores

Los operadores principiantes a menudo subestiman a los otros operadores como fuente de información. Ciertamente, leer libros sobre el mercado Forex es importante. Los libros te pueden proporcionar una sólida base en poco tiempo, o unos cimientos sobre los que construir. Si bien la práctica es otro factor importante para dominar el proceso rápidamente, te sorprendería descubrir lo mucho que tus colegas de operaciones te pueden ayudar con sus valiosas sugerencias para mejorar tu estrategia de operaciones, o encontrar modos alternativos de iniciar una posición en particular. Por lo tanto, deberías formar parte de una comunidad Forex online y plantearte abrir un blog sobre el mercado cambiario para que la gente pueda comentar tu estrategia. No te avergüences de ser un principiante, pues recuerda que todos empezaron como tú en algún momento y muchos otros de los operadores que conocerás en los foros de comercio online también estarán en sus inicios.

5. Mantén tus emociones bajo control

Este último consejo es quizás el más importante. Como hemos dicho anteriormente, operar en el mercado Forex es emocionante, divertido y dinámico, pero resulta crucial no dejarse llevar por esto. Los operadores exitosos abordan el intercambio como un negocio, no como un hobby. Tú utilizas tu capital de operaciones para tomar decisiones empresariales; algunas te darán dinero y otras te lo costarán, es así de simple. Pero tan pronto como pierdas de vista la sensatez, te puedo prometer que las pérdidas se acumularán muy deprisa.

Estoy hablando de esos momentos en los cuales mueves tu *stop loss* simplemente porque no puedes aceptar una pérdida. O esos momentos en los cuales decides entrar inmediatamente, incluso aunque tu plan de operaciones te diga que esperes, porque tienes miedo de perder la operación, o porque quizás estés aburrido. También de esos momentos en los que estás tan enfadado por haber perdido 10 operaciones seguidas, que empiezas a operar por el triple del riesgo normal, o a tomar posiciones en pares de divisas con los que normalmente no comercias.

Esos son los momentos en los que en 30 minutos pierdes todo lo que conseguiste en tres semanas.

3ª PARTE

COMPRENDER Y PREDECIR LOS MOVIMIENTOS DE LOS PRECIOS

CAPÍTULO 8 LAS CUATRO DIVISAS MÁS IMPORTANTES EN EL FOREX — Y EL YUAN

¿POR QUÉ ES TAN IMPORTANTE EL DÓLAR ESTADOUNIDENSE?

La moneda más importante en el mercado Forex por mucho es el dólar estadounidense. La economía estadounidense es también la mayor del mundo con mucha diferencia y todas las materias primas se cotizan y comercian en dólares.13 Además, el dólar americano es, o la divisa base, o la cotizada en los cinco pares de divisas más importantes (EUR/USD, GBP/USD, USD/JPY, USD/CHF, USD/CAD).

La actual posición de dominio del dólar en el mundo todavía está basada (parcialmente) en los acuerdos de *Bretton Woods* de 1944, en virtud de los cuales se decidió reinstalar el patrón oro para el dólar estadounidense y que las otras divisas quedaran conectadas al dólar. Esto marcó el inicio del dólar como *moneda de reserva* mundial, algo que provocó que todos los países almacenaran grandes reservas tanto de oro, como de dólares.

Esto hizo que el dólar se convirtiera *de facto* en la base del sistema monetario internacional, una posición codiciada que todavía ostenta, aunque la esencia de Bretton Woods —la reinstalación del patrón oro para el dólar estadounidense y la fijación de las otras monedas al dólar para estabilizar el sistema monetario internacional— dejó de existir en los años setenta, cuando los Estados Unidos tuvieron que abandonar el patrón oro debido al elevado coste de la Guerra de Vietnam.

Debido a que el dólar es la moneda de reserva mundial, los países guardan grandes reservas de dólares en la forma de bonos del Tesoro de Estados Unidos. El mayor acreedor de Estados Unidos es China, que poseía más de 1,12 billones de bonos del Tesoro de Estados Unidos en 2016.[14] Aunque la deuda nacional de Estados Unidos ha aumentado considerablemente en la primera década del siglo XXI, los tipos deudores para este país se han mantenido relativamente bajos, porque sus bonos del Tesoro tienen una gran demanda en general y se considera que el riesgo de impago es extremadamente bajo (sin embargo, Estados Unidos perdió su calificación de triple A de la agencia Standard & Poor's en agosto de 2011; la razón, según S&P's, era que los partidos políticos se habían mostrado incapaces de llegar a un acuerdo sobre cómo reducir el déficit público).

---

13   El PIB de los Estados Unidos fue de 18.561.934 millones de dólares en 2016. El de China, de 11.391.619 millones de dólares. El PIB de la UE fue de 16.739.022 millones de dólares.

14   http://ticdata.treasury.gov/Publish/mfh.txt

La Reserva Federal

La Reserva Federal, también conocida como Fed, es la entidad que decide y desarrolla la política monetaria de los Estados Unidos. El trabajo más importante de la Fed consiste en estimular el crecimiento económico y vigilar la estabilidad de precios. Aunque la Reserva Federal es una institución independiente, el nombramiento de su presidente es un asunto político. El presidente nombra a un candidato que a continuación debe ser confirmado por el Congreso.

Información adicional: Debido al fuerte incremento en el desempleo que causó la crisis financiera de 2008, el presidente de la Reserva Federal, Ben S. Bernanke, sacó a relucir otra de las tareas de la Reserva Federal en 2010, más concretamente, la de estimular el pleno empleo. Por aquel entonces, la tasa de desempleo en Estados Unidos ascendía a un 9,5%. Por tanto, para estimular la inversión, —algo que crearía empleo— la Fed decidió inyectar un estímulo de 600 mil millones en la economía a través de la compra de bonos del Tesoro de Estados Unidos. Una práctica que se conoce como expansión cuantitativa (EC o en ingles: QE, redacción), porque aumenta las existencias de dinero. El tipo de cambio del dólar bajó considerablemente a consecuencia de esto.

Otro instrumento que la Fed tiene a su disposición para influir en el dólar es la habilidad para cambiar el interés que carga a los otros bancos por pedirle dinero prestado. La Reserva Federal ha reducido *tipo de descuento* hasta dejarlo cerca del 0% durante la crisis financiera del 2008. Por el contrario, el Banco Central Europeo (BCE) solo bajó el tipo a un 1% durante el mismo periodo.

¿DÓNDE ESTÁ EL YUAN CHINO?

La moneda de la segunda mayor economía del mundo, el yuan chino —también conocido como *renminbi*— todavía no es una moneda de libre flotación. El banco central chino, El Banco Popular de China (PBC o PBdC), determina el valor del yuan. El gobierno chino controla férreamente su economía y la manipulación de su propia moneda, sin duda forma parte del juego. Esto ocurre a pesar del hecho de que, lenta pero inexorablemente, se está poniendo de manifiesto que el omnipresente gobierno chino no puede controlar por completo a las fuerzas del libre mercado, de las cuales la economía china forma parte.

Hasta hace solo algunos años, el PdBC simplemente fijaba el valor del yuan al del dólar. Por lo tanto, el robusto crecimiento de la economía china apenas se veía reflejado en el yuan, que no se podía apreciar libremente, sino que se encontraba ligado al crecimiento de la economía americana. Así pues, aunque la economía china estaba en auge y la demanda de yuanes creció en consonancia, —debido a esta pujanza— su valor se mantuvo artificialmente bajo, algo que disgustaba a Estados Unidos y Europa debido a que el bajo precio del yuan también mejoró artificialmente la competitividad de los exportadores chinos (a costa de Estados Unidos y de Europa).

Información adicional: En 2005 China dejó de fijar el yuan al dólar, lo que provocó que la divisa se apreciara inmediatamente. Durante la crisis financiera de 2008-2009 el PdBC volvió a fijarlo al dólar, pero solo hasta junio de 2010, cuando lo desvinculó otra vez. Un documento publicado por el FMI en 2010 declaraba que se infravaloraba el yuan entre un 5 y un 27%.

Sin embargo, hasta China ha reconocido la necesidad de que el yuan siga desarrollándose hasta convertirse en una moneda de libre comercio. En primer lugar, para contrarrestar el crecimiento de la inflación que se deriva de la combinación de una economía que crece a un ritmo muy alto y una moneda artificialmente baja.[15] Como un yuan barato hace que el valor de los productos y los servicios se mantenga bajo de un modo artificial, los precios se incrementan aún más. Un yuan con un valor más realista podría haber tenido un efecto moderador en la inflación.

En segundo lugar, a China le gustaría deshacerse del dominio de los Estados Unidos sobre el sistema monetario mundial, que permite que este país pueda pedir dinero prestado a unos tipos de interés excepcionalmente bajos. Debido a que el dólar tiene la función de moneda de reserva, el estado de la economía global se encuentra profundamente ligado al destino del dólar, y por consiguiente también al de los Estados Unidos. Esto significa que China se encuentra, en efecto, obligada a mantener a los Estados Unidos a flote.

En los últimos años, China ha manifestado su preferencia por un sistema monetario mundial basado en la ponderación (artificial) de las monedas del FMI, algo que se conoce como Derechos Especiales de Giro (DEG, o en inglés *Special Drawing Rights*: SDR), en lugar de en el dólar estadounidense. El DEG es el promedio ponderado de las divisas más importantes del mundo, entre las que se incluyen el dólar, el euro, la libra esterlina y el yen japonés. No es una moneda, sino que más bien es la representación de un activo potencial frente a las monedas. Es la unidad de cuenta del FMI. Hay quienes piensan que el DEG puede desempeñar un papel importe en el futuro como moneda de reserva mundial.

Aunque la propuesta de China ha recibido la aprobación con reservas de varios países, muchos también indican que antes de que se pueda utilizar el DEG como moneda de reserva mundial, el yuan chino también tiene que estar presente en el promedio ponderado. Para que esto ocurra, se tendría que dejar que el yuan flotara y se convirtiera en una moneda de libre comercio.

China ya ha dado algunos (pequeños) pasos para alcanzar este objetivo, —sin bien a pequeña escala— al permitir que el yuan se intercambie libremente en

---

15   El FMI estimó en 2010 que el yuan se encontraba infravalorado entre un 5 y un 27%.

Hong Kong. Los economistas esperan que el yuan se convierta en una moneda de libre intercambio en el mercado Forex en un futuro no muy lejano. Desde 2016 el yuan está incluido en el SDR.

EL EURO

El euro, la más joven de las seis monedas más importantes del mundo, se introdujo como moneda electrónica en 1999 y es la divisa más importante en el mercado Forex tras el dólar estadounidense. Es la moneda compartida de la Unión Económica y Monetaria (UEM), menos el Reino Unido, Suecia y Dinamarca. Los países europeos que comparten el euro y desde enero 2015 diecinueve en total, son: Alemania, Francia, Italia, España, Países Bajos, Bélgica, Austria, Grecia, Irlanda, Finlandia, Portugal, Malta, Chipre, Estonia, Eslovenia, Eslovaquia, Luxemburgo, Letonia y Lituania.

La Unión Económica y Monetaria es el bloque económico más grande del mundo, con un PIB (combinado) que ascendió a 17,110 miles de millones de doláres en 2016.[16] Los mercados de valores, bonos y futuros se han mantenido relativamente estables durante las pasadas décadas, lo que hizo que fueran atractivos para inversores de todo el mundo. Esto, a su vez, impulsó la demanda del euro (evidentemente, estos últimos años no han sido tan estables. Sin embargo, siempre y cuando la eurozona sea capaz de dejar atrás la crisis de la deuda, los mercados financieros europeos volverán a los niveles anteriores a la crisis con toda seguridad).

La UEM es responsable de alrededor del 20% de las exportaciones mundiales y del 18% de las importaciones. Como conjunto, la UEM tiene un superávit comercial moderado.

El euro tuvo un comienzo de algún modo complicado, pues durante sus primeros meses de existencia su precio de salida de 1,20 dólares, se hundió hasta los 0,80. Sin embargo, los años siguientes el tipo de cambio del euro subió hasta los 1,60 dólares, más del doble que su punto más bajo. Incluso en las horas más bajas de la eurozona en 2011 —cuando la supervivencia del euro y de la eurozona como conjunto se ponía en entredicho continuamente— el euro nunca bajó de su precio inicial de 1,20 dólares.

Información adicional: De acuerdo con varios economistas, la crisis financiera de 2008 y la posterior crisis de la deuda que comenzó en 2009, llevaron a la eurozona al borde de la ruptura y, a la moneda común, al de su destrucción. El reconocimiento por parte de Grecia en 2009 de que había estado mintiendo

---

16   En el referéndum que tuvo lugar el 23 de junio de 2016, los británicos decidieron abandonar la Unión Europea. Aunque se esperaba que la activación del Brexit por parte del gobierno del Reino Unido fuera a tener lugar en marzo de 2017, la salida real de Gran Bretaña de la UE se prevé que ocurra varios años después.

durante años acerca de la verdadera magnitud de su deuda pública y el déficit de sus presupuestos anuales, no solo desencadenó una crisis de deuda en Grecia y en otros países débiles de la zona euro (los conocidos como PIIGS, acrónimo del siguiente grupo de países por sus siglas en inglés: Portugal, Irlanda, Italia, Grecia y España), sino que también reveló una de las debilidades fundamentales de la Unión Económica y Monetaria: que comparten una moneda sin el soporte de una unidad fiscal y política.

El Banco Central Europeo

A pesar de que los países de la eurozona carecen de unidad fiscal y presupuestaria —la razón más importante de la crisis de la deuda europea según la mayoría de los economistas— tienen una política monetaria común reforzada por el Banco Central Europeo (BCE).

El BCE es el banco central independiente de la Unión Económica y Monetaria Europea, y el responsable de salvaguardar la estabilidad del precio del euro, sobre todo a través de sus políticas sobre la inflación. Cuando la inflación en la eurozona sube y permanece sobre un 2% durante un largo periodo de tiempo, El BCE interviene, en primer lugar elevando el tipo de interés que los bancos centrales nacionales y los bancos normales cargan por los préstamos. Lo que dura un 'largo periodo de tiempo' es algo que el BCE determina caso por caso.

El tipo de interés se determina una vez al mes en una junta de política monetaria. Después de la junta, se publica la decisión y el presidente del BCE la comunica en su rueda de prensa mensual. La rueda de prensa (que se retransmite en directo desde la página web del BCE) y el resto de las declaraciones que hace el presidente, —y en menor medida, las declaraciones que realizan otros miembros de la junta directiva del BCE— son analizadas cuidadosamente por los operadores de Forex que están a la búsqueda de pistas sobre las decisiones políticas que podrían tener un efecto profundo sobre el euro, tanto a corto como a largo plazo.

EUR/USD

La pareja de divisas EUR/USD, es la pareja de divisas más líquida del mercado Forex. El EUR/JPY y el EUR/GBP son los pares de *divisas cruzadas* más líquidos. Para operadores de Forex principiantes, el EUR/USD puede ser un gran par de inicio, porque sus movimientos son a menudo bastante más predecibles que los de los otros pares de divisas importantes (conocidos como los mayores o *Majors*), lo que se debe en parte a la alta liquidez del par. Los operadores que vivan en la eurozona cuentan con la ventaja adicional de que podrían saber más sobre lo que ocurre con el euro o con las economías más importantes de la eurozona.

Lo que debes saber sobre el EUR/USD

Al igual que lo que ocurre con el resto de los pares de divisas, el valor del euro frente al del dólar se determina en función de las relaciones entre las dos entidades macroeconómicas, en este caso los 17 países que componen la eurozona y los Estados Unidos. Por lo tanto, las cifras sobre la economía de los Estados Unidos y la UE tienen un impacto directo sobre los movimientos de precio del EUR/USD.

También hay factores geopolíticos en juego, quizás más que en el caso de la mayoría de los otros pares de divisas. El desarrollo de las políticas internacionales de Estados Unidos y Europa, las luchas de poder internas y la cooperación entre los miembros del bloque de la UE (o la falta de ella) pueden tener influencia en el EUR/USD.

Indicadores económicos importantes para el euro:

1. **Los resultados preliminares del PIB de Estados Unidos y la eurozona.** El crecimiento económico tanto de Estados Unidos como de la eurozona es un factor muy importante para el EUR/USE, porque el movimiento del precio del par ilustra en esencia la salud que las dos economías tienen la una con respecto a la otra.

2. **Los datos de desempleo en Alemania.** Teniendo en cuenta que el 30% del PIB total de la eurozona proviene de Alemania, podemos decir que esta es la mayor economía con diferencia.[17] Como las cifras de desempleo son un importante indicador de la salud de una economía como conjunto, las cifras de desempleo de Alemania no son una cuestión baladí a la hora de calibrar la salud de Europa.

3. **Las cifras de empleo no agrícola.** Estas son las cifras de desempleo de Estados Unidos descontando los trabajos de agricultura y del gobierno. Como la economía de Estados Unidos es la mayor del mundo, sus cifras de desempleo pueden tener un gran impacto en prácticamente todos los pares de divisas.

4. **Las cifras de producción de Alemania y Estados Unidos.** Las cifras de producción son una medida importante de la salud de una economía, y como tales tienen impacto en el EUR/USD.

5. **Índice de Precios al Consumo (IPC).** Este es el dato de la inflación. Tanto el Banco Central Europeo como la Reserva Federal tienen en cuenta esta cifra para determinar qué medidas se van a tomar o no para controlar la inflación.

---

17   El PIB alemán fue de 3.494.900 millones de dólares en 2016, seguido de Francia con un PIB de 2.488.280 millones de dólares e Italia, con un PIB de 1.852.500 millones de dólares.

Oportunidades de operación para el EUR/USD

El EUR/USD tiene una banda de fluctuación de alrededor de 100 *pips* durante la sesión de operaciones europea (desde las 08:00 GMT hasta las 16:00 GMT). Esta banda de fluctuación es aproximadamente la misma que la del USD/JPY, pero mucho menor que la de 150-200 *pips* del GBP/USD. Esto implica que el EUR/USD es menos volátil que el GBP/USD (también conocido como el "Cable", un sobrenombre que tiene su origen en la época en la cual las cotizaciones del GBP/USD entre Nueva York y Londres fueron sincronizadas a través de un cable de comunicaciones enterrado bajo el océano Atlántico). Debido a su mayor volatilidad, el *spread* (la diferencia entre el *bid* y el *ask*) que los brókers cobran por el Cable es casi siempre mayor que el del EUR/USD.

En general el movimiento del EUR/USD sigue unas pautas razonablemente fiables y fáciles de identificar, lo que convierte a este par en un buen candidato para operaciones del rango de las intradiarias (lo que significa que se aprovechan de los movimientos laterales que hay durante el día). Las dos primeras horas de la sesión europea tienden a ser volátiles y con frecuencia el par se mueve en la dirección contraria durante el resto del día. Durante la sesión de operaciones asiática, el EUR/USD suele estar muy tranquilo y se mueve en rangos ajustados, lo que lo convierte en un buen candidato para una estrategia *scalping* (puedes encontrar más información sobre el *scalping* en el capítulo 17).

EL YEN JAPONÉS

La economía japonesa es la tercera mayor economía del mundo —tras los Estados Unidos y China (o la cuarta si cuentas a la eurozona como una sola economía) — con un PIB de 4.700 miles de millones de dólares en 2016. Japón es conocido por su economía exportadora; el sector de las exportaciones aporta el +/-15% de su PIB.

Durante los setenta y los ochenta la economía japonesa creció a una gran velocidad, similar a la del crecimiento de la economía china de la primera década del siglo XXI. El ritmo tan acelerado de su expansión provocó que la economía se recalentara, lo que generó rápidas caídas en los precios y una burbuja de activos. Cuando esta burbuja estalló a principios de los noventa, tuvo como resultado una crisis bancaria y el comienzo de una acumulación masiva de deuda nacional.

Japón todavía no ha salido de su crisis financiera de los noventa en muchos aspectos. El sector bancario sigue estando relativamente débil y la deuda nacional ha continuado incrementándose durante la década pasada. En la empieza del 2017 la deuda nacional, ascendía al 220% del PIB. Este es el nivel de deuda pública más elevado de todos los países industrializados con diferencia. Por comparación, el nivel de deuda pública de Estados Unidos parece casi hasta moderado con una cifra del 106% del PIB en los primeros meses del 2017.

El Ministerio de Finanzas y el Banco de Japón

La principal responsabilidad del Banco de Japón (BdJ) como banco central, es la de controlar la política monetaria de Japón. Aunque el BdJ es independiente del Ministerio de Finanzas (MFJ) en muchos aspectos, este todavía tiene mucha influencia en lo que se refiere a la política monetaria y de intercambio de divisas de Japón. Por ese motivo, los comentarios tanto del BdJ como del MFJ, son importantes a la hora de predecir los movimientos en el precio del yen.

El estancamiento de la economía japonesa que siguió a la crisis de los noventa condujo al Banco de Japón hacia una política de flexibilización monetaria extrema. Esto se debe a que al sector exportador de la economía japonesa le conviene mucho tener un yen barato, y este sector conforma una parte muy importante de la economía japonesa. Como resultado, el BdJ y el Ministerio de Finanzas desarrollan una política de intervención activa en el mercado Forex para evitar que el yen se aprecie mucho. El tipo de interés que el BdJ carga a otros bancos también ha sido extremadamente bajo durante años — cercano al 0%— lo que hizo que a los bancos japoneses el dinero les resultara extremadamente barato.

Indicadores económicos importantes para el yen:

1. **El PIB.** Las cifras de crecimiento económico son un gran indicativo de la salud de una economía. Los resultados preliminares del PIB son los que impactan principalmente en el mercado Forex, porque son la primera confirmación (o desmentido) de otras señales económicas secundarias.
2. **Producción industrial.** Las cifras de la producción generalmente dan una buena muestra del estado de la economía. En el caso de Japón, el rendimiento de la producción industrial es particularmente importante, ya que su economía depende en buena medida del comercio internacional.
3. **Empleo.** Cuanto mayor sea el número de gente que esté trabajando, mejor irá la economía. No solo es bueno para el consumo interno, sino que también es una señal clara de que los negocios funcionan bien. La Agencia de Gestión y Coordinación del Japón (*Bureau of Management and Coordination)* publica las cifras de empleo mensualmente.

USD/JPY

El dólar/yen —o USD/JPY— es el par de divisas más líquido del mercado Forex tras el EUR/USD y el GBP/USD. Debido a que el banco central de Japón trata de influir sobre el precio del yen con frecuencia mediante intervenciones en el mercado Forex (o con amenazas de hacerlo), el USD/JPY es uno de los pares de divisas más volátiles.

El valor del yen en comparación con el del dólar se expresa en una cantidad X de yenes japoneses frente a 1 dólar estadounidense. Por lo tanto, cuando el tipo de cambio del dólar/yen es de 91,81, eso significa que 1 dólar vale 91,81 yenes en esteejemplo.

Información adicional: El tipo de cambio del USD/JPY alcanzó un punto alto en 2002, cuando llegó a 1,3515, pero desde entonces ha descendido drásticamente. Tras el terremoto y el tsunami de 2011, el USD/JPY cayó a 76,25, la mayor caída del yen frente al dólar desde el final de la Segunda Guerra Mundial. Esta situación vino como consecuencia de que los operadores de divisas sospechaban que las empresas e inversores japoneses repatriarían una cantidad considerable de sus fondos en el extranjero, como suele ocurrir en Japón en tiempos de crisis. La intervención unida del banco central de Japón y otros bancos centrales importantes evitó que el yen cayera aún más. En años recientes, el yen ha caído frente al dólar de nuevo, como resultado de la extremadamente volátil política del Banco Central de Japón, hasta alcanzar una media de 125 hacia mediados de 2015, al tiempo que la Reserva Federal ha empezado a trabajar para normalizar la política monetaria, después de que esta haya sido extremadamente acomodaticia durante años.

¿A qué deberías prestarle atención cuando operes con el USD/JPY?

El yen se utiliza a menudo como vehículo para operaciones de *carry trade*. Con esta estrategia de operaciones, se cambia una divisa con un tipo de interés bajo frente a otra que tenga un tipo de interés alto para obtener beneficios de la diferencia de intereses entre ambos activos (veremos más sobre el *carry trade* en el capítulo 20). Como el tipo de interés del yen japonés se ha mantenido cerca del 0% durante muchos años —y es muy improbable que esto cambie a medio plazo— se considera que el yen es la moneda con un tipo de interés bajo ideal para el *carry trade*.

La popularidad del *carry trade* aumenta cuando las divisas con un tipo de interés tradicionalmente alto se preparan para que sus tipos de interés suban aún más, por ejemplo para enfriar la economía o para combatir la inflación. Cuando la popularidad del *carry trade* aumenta, se incrementa la presión a la baja sobre el yen, porque en el *carry trade*, el yen se vende frente a una divisa que da un rendimiento mayor. Sin embargo, ante un clima de empeoramiento económico, suele ocurrir lo contrario; muchos *carry trades* se detendrán (o serán cerrados a la fuerza), porque los países con tipos altos de interés reducirán sus tipos de interés para estimular sus economías. Por ese motivo, en tiempos de turbulencias económicas, las posibilidades de que el yen suba aumentan.

Los pares de divisas de los cuales el yen forma parte, —incluyendo el USD/JPY— se vuelven más activos hacia el final del año fiscal japonés (31 de marzo). Esto se debe a que ciertas leyes japonesas obligan a que las empresas que tienen negocios internacionales, *repatríen* (intercambien por la moneda doméstica) las ganancias que han conseguido en el extranjero durante ese periodo. Esto provoca que la demande de yenes emerja (temporalmente). Los operadores de Forex incrementan el impacto de esta práctica especulando a favor del yen, con lo cual se benefician de los efectos de las repatriaciones.

LA LIBRA ESTERLINA

La economía británica es la sexta economía más grande del mundo, con un PIB de 2.649 miles de millones de dólares en 2016 según el FMI. El Reino Unido renunció a participar en el euro, así como lo hicieron Suecia y Dinamarca. Para los británicos, el decir 'hasta luego' a su querida libra significaría ir demasiado lejos en aquel momento. Evidentemente, los británicos siempre tendrán la opción de adoptar el euro más adelante. Pero debido a los problemas que empezaron a rodear al euro desde 2009, —con el advenimiento de la crisis crediticia de Grecia — el poco entusiasmo que quedaba para que hubiera una moneda común, ha quedado reducido al que habría en una fiesta sin cerveza (obviamente, cuando se trata de reírse de los problemas de los demás, suele ocurrir todo lo contrario).

El Banco de Inglaterra

El banco central británico, o Banco de Inglaterra (BdI) es independiente del gobierno y es responsable de la política monetaria británica. Su trabajo principal consiste en proteger la estabilidad del precio de la libra esterlina. El BdI tiene por objetivo una tasa de inflación de entre un 0,5% y un 2%.

GBP/USD

El GBP/USD es uno de los pares de divisas más líquidos en el mercado Forex. Aproximadamente el 14% de todas las operaciones monetarias incluyen al GBP/USD. Esto lo convierte en el segundo par más negociado tras el EUR/USD.

El valor de la libra en comparación con el del dólar estadounidense se expresa como 1 libra esterlina por una cantidad X de dólares. Si el GBP/USD está a 1,40, por ejemplo, esto quiere decir que 1 libra esterlina equivale a 1,40 dólares.

Los operadores suelen llamar al libra/dólar "Cable", un término que procede de la época en la que el tipo de cambio del GBP/USD entre Nueva York y Londres se coordinaba intercambiando telegramas por cable entre las dos ciudades.

¿Qué influencia al 'Cable'?

El tipo de cambio del GBP/USD se ve influenciado principalmente por las circunstancias económicas en los Estados Unidos y Gran Bretaña. Por esa razón, los datos económicos importantes de ambos países tienen un impacto directo en el tipo de cambio del libra/dólar.

Algunos ejemplos de datos económicos importantes para el Cable son:

1. **La decisión de la Reserva Federal sobre el tipo de interés (Fed)**
2. **La decisión del Banco de Inglaterra sobre el tipo de interés (BdI/BoE)**
3. **Las cifras de desempleo de Reino Unido**
4. **Las cifras de desempleo de Estados Unidos (empleo no agrícola)**
5. **Producto Interior Bruto británico (PIB)**
6. **Producto Interior Bruto estadounidense**

Información adicional: La decisión británica de abandonar la Unión Europea en junio de 2016, tuvo como resultado una caída importante de la libra esterlina en la segunda mitad de 2016, que bajó de 1,50 $ a alrededor de 1,20 $. Dada la inestabilidad en la economía que causó el "Brexit", es posible que la libra continúe cayendo durante los próximos años. En cualquier caso, se espera que el Brexit continúe siendo un factor que hay que observar hasta que sus efectos se conozcan por completo.

El GBP/USD en relación con otros pares de divisas

El GBP/USD tiene una correlación positiva con el EUR/USD y negativa con el USD/CHF (dólar estadounidense/franco suizo), lo que a menudo significa que se mueve en la dirección contraria que el USD/CHF. Esto se debe a que las tres monedas europeas mencionadas —libra esterlina, euro y franco suizo— tienen una correlación positiva las unas con las otras, a través de los importantes vínculos que hay entre las tres regiones económicas.

Oportunidades de operación para el GBP/USD

El GBP/USD es uno de los pares de divisas más volátiles en el mercado Forex y, por lo tanto, no es el más fácil de cambiar. Los movimientos de precios del GBP/USD se caracterizan por una abundancia de falsas rupturas o *breakouts* (veremos más sobre las falsas rupturas en el capítulo 19) y fluctuaciones aleatorias que pueden salirles caras a los operadores principales. Sin embargo, para el operador intradiario más experimentado, el Cable ofrece oportunidades regulares de conseguir beneficios rápidamente, las cuales aumentan por la relativa amplitud del rango del par.

El rango diario del GBP/USD oscila entre los 150 y los 200 *pips*. Si lo miramos desde el punto de vista de los beneficios, esto significa que podrías embolsarte unos 150 *pips* de beneficio en un día normal cuando llegues al final del movimiento, mientras que las pérdidas potenciales se pueden limitar previamente a 20 o 30 *pips* por operación. No obstante, el desarrollo de una estrategia exitosa para el Cable generalmente requiere de un gran fondo, debido al elevado riesgo de que las operaciones se cierren por la fuerza como consecuencia de la alta volatilidad del par. Por tanto, una vez más vemos que no es un par de divisas demasiado indicado para operadores de Forex principiantes.

El mejor momento para comerciar el libra-dólar es durante la sesión europea, cuando los mercados tanto de Fráncfort como Londres están abiertos para operar. Este par es el más líquido durante ese periodo. Obviamente, algunas estrategias de operación (y/o personalidades de operadores) precisan de un momento más tranquilo para operar el GBP/USD; por ejemplo, durante la sesión asiática, el Cable suele moverse en un rango muy pequeño que resulta idóneo para muchos operadores de Forex que practican el *scalping* (hablaremos de la estrategia de operación del *scalping* en el capítulo 17).

CAPÍTULO 10 EL ANÁLISIS FUNDAMENTAL

El análisis fundamental tiene en cuenta todos los factores que ejercen una influencia sobre la economía, como la capacidad de producción, la confianza de los consumidores, las cifras de empleo, etc. El análisis fundamental puede ayudar a explicar los movimientos de los precios del pasado y a predecir los del futuro.

Si bien las noticias financieras son muy importantes para el análisis fundamental, es importante que tengas en cuenta que este es algo más que estar atento y comprender las noticias financieras. El analista fundamental no se deja llevar necesariamente las noticias del día, sino que en su lugar trata de sacar conclusiones acerca de la dirección que tomará una moneda de medio a largo plazo. A continuación, abre posiciones en el mercado basándose (en parte) en esas conclusiones.

El análisis fundamental es importante para casi todos los operadores, incluso aunque la mayoría de los operadores de hoy en día prefieran utilizar el análisis técnico. La razón por la cual el análisis fundamental continúa siendo importante radica en que el valor de cada moneda se basa en las circunstancias económicas de la región en la que se utiliza esa moneda. Los cambios en esas circunstancias económicas tienen un impacto en su valor. Por lo tanto, como operador de divisas, tienes que tener en cuenta dichas circunstancias (cambiantes).

Uno de los inconvenientes del análisis fundamental es que realmente no incorpora el sentimiento del mercado. Por esa razón, los operadores que utilicen una estrategia de operaciones basada exclusivamente en el análisis fundamental, de vez en cuando tendrán la sensación de que el precio se mueve en la dirección contraria a la que los datos económicos podrían indicar.

Sin embargo, un operador técnico habitual que no tenga en cuenta los datos económicos que se publiquen, también se encontrará con cierres forzosos de operaciones habitualmente. Los precios de los pares de divisas se pueden volver muy volátiles justo antes y después de se publiquen los datos económicos importantes y los indicadores técnicos no pueden predecir estos giros.

Por consiguiente, los operadores de Forex más exitosos utilizan tanto el análisis fundamental como el técnico. El operador millonario y exitoso Bruce Kovner hizo un comentario muy pertinente acerca de esto. Cuando le preguntaron qué consideraba más útil, si el análisis técnico o el fundamental, él dijo: "esto es como preguntarle a un médico si preferiría tratar a un paciente con diagnóstico o con un seguimiento gráfico de su condición. Necesitas los dos."[18]

---

18   Bruce Kovner, gestor de un fondo de cobertura con un patrimonio neto estimado de 4.5 miles de millones de dólares en 2011, en una entrevista con Jack D. Schwager para su libro *Los magos del mercado*.

¿POR QUÉ LAS NOTICIAS ECONÓMICAS SON IMPORTANTES?

Los indicadores económicos dan toda clase de pistas acerca del estado de la economía de una nación, y de las necesidades de las empresas extranjeras y nacionales que operan en esa economía. ¿El banco central de un país ha bajado su tipo de interés? Esto significa que será más barato pedir dinero prestado y también invertir. El mercado monetario se expandirá, lo que generalmente ocasionará que la moneda se debilite en comparación con otras monedas.

Los gobiernos y las corporaciones multinacionales 'crean' las noticias financieras. Estas noticias tienen un valor tanto real como especulativo. El valor real viene determinado por las acciones y reacciones de empresas y gobiernos, mientras que el especulativo lo determinan los operadores.

Los operadores de Forex grandes y pequeños reaccionan a las noticias financieras debido a que:

Dicen algo acerca de cómo las multinacionales (así como las empresas más pequeñas) han actuado durante el periodo precedente y cómo es probable que actúen en el periodo que viene. Por ejemplo, estas podrían reducir su actividad económica en un país en particular, y por lo tanto tendrían menos necesidad de protegerse frente a los movimientos en el precio de la moneda de ese país. *Ejemplo*: ¿El PIB de un país ha subido considerablemente en comparación con el de otros países? Entonces probablemente aumentará la demanda de la moneda de ese país. Después de todo, a las empresas les gusta invertir en un país que va bien. Por ese motivo es probable que el valor de su moneda suba en relación con el de otras monedas.

Dicen algo sobre el comportamiento probable que tendrá el gobierno de un país que ha salido en las noticias en el futuro. *Ejemplo*: ¿La inflación en la eurozona ha subido un 5%? Lo más probable es que el Banco Central Europeo, el BCE, aumente el tipo de interés para reforzar el mercado de divisas y provocar (con suerte) una bajada de la inflación. En este caso es probable que aumente el valor del euro.

Otros operadores grandes y pequeños también reaccionarán a esta noticia. Quizás esta es la razón más importante por la cual los operadores reaccionan a las noticias financieras: porque esperan que los otros operadores también lo hagan.

EL ANÁLISIS FUNDAMENTAL EN ACCIÓN

El mercado de divisas es dinámico y transparente. Las noticias a menudo tienen un impacto directo sobre los tipos. Las noticias reales, pero también —y con la misma importancia— las noticias especulativas.

Como dice un viejo dicho de los mercados financieros: *Compra con el rumor, vende con la noticia*. Esto significa que un rumor acerca de un evento específico del futuro normalmente es suficiente para aumentar o disminuir un precio. Tanto es así, que para cuando el propio evento sucede, el precio ya lo ha cubierto. Esto significa que el efecto del evento, positivo o negativo, ya había provocado una repercusión en el precio con anterioridad. A menudo la llegada del evento real genera un movimiento opuesto a la tendencia debido a la toma de beneficios y/o a que las expectativas no se cumplieron.

El efecto de los comentarios que realizan los miembros destacados de los consejos de los bancos centrales importantes como el BCE, la Fed y el BdI, es un buen ejemplo de esto. Cada palabra que el presidente de la Reserva Federal (el banco central de Estados Unidos) pronuncia, se disecciona y analiza. Obviamente, el presidente sabe esto, por lo que escoge sus palabras con mucha precaución. Con el paso de los años, se ha desarrollado un diccionario completo de frases y palabras especiales, para que el presidente pueda enviar señales sin decir mucho. Por ejemplo, cuando el presidente de la Fed dice que *"Los indicadores de inflación apuntan hacia un nivel más elevado y prolongado de inflación de lo que habíamos pensado anteriormente"*, lo más probable es que el banco central estadounidense vaya a subir el tipo de interés pronto. Como previsión a la decisión oficial de subir el tipo de interés, los operadores empezarán a aumentar sus posiciones largas en el dólar, lo que hará que este suba, con lo cual la subida de tipos ya habrá sido descontada mucho antes de que la Fed anuncie que ha tomado la decisión de aumentarlos.

Por lo tanto, cuando esperes a que un par de divisas reaccione a la publicación de cierto evento económico, primero trata de determinar si esa reacción aún no ha tenido lugar en base a los rumores sobre el próximo evento. Por otra parte, cuando aparezca un rumor nuevo y creas que es fiable, podría merecer la pena que abrieras una posición en base a ese rumor. Cuando haya más y más operadores que recojan ese rumor e inicien posiciones similares, la operación se moverá en la dirección que deseas. Esto te permitirá cerrar la posición antes de que el rumor se convierta en noticia y te embolsarás un buen beneficio.

Es importante reflexionar acerca de qué posiciones quieres abrir y por qué. ¿Hay varias páginas web que predicen un rally temporal del dólar estadounidense? ¿Están los medios especulando acerca de un dato macroeconómico importante de Japón? ¿Está el BCE preparado para presentar una decisión importante sobre los tipos de interés? Controlar toda esta información podría parecer difícil al principio, pero después de un tiempo desarrollarás una gran intuición y serás capaz de evaluar la importancia y el posible efecto de las diferentes noticias en el mercado Forex, lo que te permitirá usar esta información en tu beneficio para operar.

Dicho de un modo simple, trabajar con un análisis fundamental consiste en obtener información de fuentes variadas y fiables, perfilar el movimiento de un par de divisas en base a esa información, estudiar un gráfico de velas para ver lo que ha estado haciendo ese par de divisas y, a continuación, abrir una posición (no te olvides de limitar tu riesgo con antelación).

Vamos a ver un ejemplo. En la página de inicio de fxnews247.com aparece el siguiente titular: 'El euro se encuentra bajo presión debido al rumor de que Alemania no va a enviar más ayuda a Grecia'. Lee el artículo para determinar si hay razones que apoyen al rumor. A continuación, échale un vistazo a otros medios de noticias financieras como Bloomberg o Reuters para ver si corroboran la historia. Si lo hacen, entonces ha llegado el momento de mirar el gráfico (de velas) del EUR/USD, seleccionando los periodos de tiempo que se ajusten a tu estrategia (por ejemplo, si eres un operador intradiario, no utilizarás mucho los gráficos semanales, pero en su lugar analizarás 15 minigráficos de horas diarios). Si ves que ha habido un descenso en el tipo de cambio del EUR/USD los dos días anteriores, ¿te parece que esto forma parte de una tendencia bajista consolidada o más bien dicho descenso comenzó solo después de que llegaran las noticias negativas sobre la crisis griega otra vez, tras algunas semanas de relativa paz y tranquilidad? ¿Y cómo se ha estado moviendo el EUR/USD en las últimas horas? Si te parece que el par está reaccionando al rumor, entonces lo inteligente sería que abrieras una posición y te aprovecharas.

Asegúrate siempre de poner un *stop loss* en su sitio para limitar las pérdidas si el movimiento del par en tu dirección se vuelve más corto de lo esperado.

Una vez que has determinado un *stop loss* y *profit target* apropiadas para tu posición, es importante que te mantengas firme. No empieces a dudar de ti mismo tras haber abierto la operación. Has hecho todo lo posible para iniciar bien la posición, así que ten un poco de fe en ti mismo. Muchos operadores acumulan más pérdidas de las necesarias por mover sus *stop loss* cuanto parece que va a haber un cierre forzoso, con la esperanza de que la operación se siga moviendo a su favor con el tiempo (desafortunadamente, la esperanza raramente te llevará a ninguna parte como operador). O cierran su posición demasiado pronto, antes de que esta alcance su *profit target*, y de este modo limitan sus beneficios por miedo a que su posición empeore. No caigas en la trampa de estas esperanzas y miedos irracionales; mantente firme en tus operaciones.

LOS CUATRO TEMAS PRINCIPALES QUE EJERCEN UNA INFLUEN-CIA EN EL FOREX

Hay cuatro factores fundamentales que impulsan al mercado de divisas:

1. El crecimiento económico

2. Los tipos de interés
3. La balanza comercial
4. La estabilidad política

El crecimiento económico

La fortaleza de una moneda viene determinada ante todo por la fortaleza de la economía en la que funciona. Y, así como los informes trimestrales y mensuales de una empresa dan buena cuenta de la salud económica de esa empresa, la información económica que publica un país te indica cómo va la salud económica de ese país.

Datos importantes sobre el crecimiento económico:

Producto Interior Bruto (PIB). Se trata de informes trimestrales sobre el crecimiento que normalmente se publican un mes antes de que termine el trimestre.

Datos sobre el empleo. Muchos países desarrollados publican sus cifras de empleo, pero los datos más importantes sobre la ocupación laboral son los que se conocen como los de *empleo no agrícola*, que son las cifras de desempleo para la economía estadounidense que publica la *Bureau of Labor Statistics* (Oficina de Estadística Laboral). Estos informes muestran cuantos empleos se han ganado o perdido en la economía de EE.UU., con la excepción de los empleos de los sectores agrícola y del gobierno.

Gasto de los consumidores. En muchas economías el consumo nacional constituye el mayor sector de la economía. Por ejemplo, en los Estados Unidos, el 70% del PIB viene del consumo interior.

La confianza de los consumidores. Cuando los ciudadanos pierden la fe en su futuro económico, empiezan a gastar menos y a ahorrar más como previsión ante los tiempos difíciles. Por lo tanto, una confianza de los consumidores más baja se traduce directamente en un consumo menor.

Las cifras de producción. Cuando las empresas producen más, contratan a más trabajadores e invierten con más frecuencia en nueva maquinaria, lo que a su vez le da más trabajo a las empresas que producen dichas máquinas y provoca que estas también tengan que contratar a más gente, etc. En pocas palabras, unas cifras de producción más altas significan un mayor crecimiento de la economía.

Tipos de interés

Cualquier persona que haya estudiado economía en la escuela secundaria sabe que las economías están sujetas a tendencias cíclicas, por lo que suben y bajan con el tiempo. Los puntos más altos y bajos de dichas tendencias cambian más a menudo en el corto plazo que en el largo (digamos 50 años).

A la vista de esto, dos de las tareas más importantes del Estado en lo que se refiere a la macroeconomía son estimular el crecimiento del PIB y contener los movimientos cíclicos de la economía para evitar excesivas subidas y bajadas.

El primer punto tiene sentido. Cuanto más crece el Producto Interior Bruto, más rico es el país y más prósperos son sus ciudadanos (bueno, la mayoría de las veces más bien).

El segundo punto tiene sentido igualmente, pero quizás no se vea de un modo tan evidente. Obviamente, las bajadas cíclicas se deben contrarrestar, a nadie le gustan las recesiones y las depresiones, pero, ¿qué tiene de malo una economía de altos vuelos con unas empresas increíbles, mucho trabajo y todo lo demás? Bueno, esto tiene que ver con el antiguo dicho de que 'todo lo que sube, baja'. Una economía floreciente es genial, pero si se deja sin supervisión, puede derivar en una economía sobrecalentada, con burbujas inmobiliarias, alta inflación, salarios en aumento, un mercado laboral más cerrado y un mercado monetario en continua expansión, porque todo el mundo quiere invertir en una gran economía.

Hasta que llega....The Big Turn Around (El gran cambio).[19] El sentimiento del mercado cambia, las empresas sufren de una excesiva sobreproducción, hay que despedir a gente, las solicitudes de subsidios por desempleo están por las nubes, los gastos del gobierno suben, mientras que los ingresos fiscales bajan (y con ello se crean grandes déficits presupuestarios), el mercado monetario se refuerza, las inversiones bajan y la economía cae en picado.

Como nadie quiere una situación como esa, los gobiernos generalmente intentan refrenar los excesos de los movimientos cíclicos de la economía intentado templar los picos altos y compensando los bajos. Una parte importante de esto radica en mantener la estabilidad de los precios. Tradicionalmente, este es el trabajo del banco central de un país. Un banco central puede, entre otras cosas, incrementar o reducir el capital disponible ajustando el tipo de interés que carga a los bancos comerciales. Por ejemplo, cuando prestar dinero se vuelve más caro para los bancos comerciales, también pedir préstamos a dichos bancos se vuelve más caro para las empresas. De esa manera, la economía se enfriará. En cambio, cuando prestar dinero se vuelve más barato, es más probable que una economía atraiga más inversiones.

---

19 El sobrecalentamiento de la economía japonesa en la segunda mitad de los ochenta es un ejemplo de esto. A continuación llegó la caída del mercado de valores de Tokio a principios de los noventa y el estallido de la burbuja inmobiliaria que se había formado. En los años siguientes, la economía japonesa creció tan solo un 1,5% anual. El periodo que se vivió en Japón entre los años 1990 y 2000 es conocido como la "década perdida".

Recuerda: cuando el tipo de interés sube, el mercado monetario se refuerza —porque prestar dinero se vuelve más caro— y el valor de la divisa aumenta. Cuando el tipo de interés baja, el mercado monetario se expande y el valor de la divisa generalmente disminuye.

Las políticas de los bancos centrales han sido uno de los factores más importantes que han dirigido la economía estos años pasados. Hay abundantes ejemplos —algunos de ellos infames— de bancos centrales intentando influir en el mercado de divisas con rebajas en los tipos de cambio, o con intervenciones en el mismo Forex a través de la compra o la venta de divisas. El Banco de Japón (BdJ) en particular es conocido por sus intervenciones en el mercado Forex, en el cual ha tomado amplias posiciones para influir (léase reducir) el tipo de cambio del yen.

Dos aumentos en el tipo de interés que llevó a cabo el Banco Central Europeo a mediados de 2011, constituyen otro ejemplo notable de la influencia de la política de un banco central en el Forex. El EUR/USD subió 700 *pips* después de que el presidente del BCE, Jean-Claude Trichet, diera a entender que iba a subir los tipos si la inflación se mantenía sobre un 2%. Tras asumir su mandato un par de meses después, el sucesor de Trichet, Mario Draghi, redujo el tipo de interés inmediatamente otra vez, para devolverlo al lugar en el que estaba. Muchos economistas estuvieron de acuerdo con Draghi, pues opinaban que Trichet se había centrado demasiado en la inflación y de ese modo negado el estado de deterioro rápido de la economía europea, la cual necesitaba más liquidez (lo que quiere decir más dinero barato y por tanto tipos de interés más bajos) para recuperarse.

Ten en cuenta que lo que importa no solo es la decisión final de la Reserva Federal, el Banco de Inglaterra, el Banco de Japón o el BCE, sino también los comentarios que hacen los miembros del consejo de los bancos centrales, especialmente los presidentes/gobernadores/directores. Sus discursos y ruedas de prensa son seguidos de cerca para obtener pistas acerca de sus decisiones sobre políticas para el futuro. Esto no significa que tengas que poner un micrófono en la cara del presidente de la Reserva Federal tú mismo, o escuchar cada uno de sus discursos palabra a palabra, pero asegúrate de estar atento a los medios de noticias financieras para ver si los miembros de los bancos centrales hacen alguna observación significativa.

Balanza comercial

Supongamos que Estados Unidos importa mercancías por un importe de 100 mil millones de dólares más de la eurozona de los que exporta. Para importar esas mercancías los americanos necesitan euros. Así pues, comprarán euros por un valor de 100 mil millones de dólares. Por tanto, el déficit comercial de Estados Unidos hará que el euro aumente de valor en comparación con el dólar.

Evidentemente, la realidad es mucho más compleja que el ejemplo anterior (¿qué pasaría con las compañías estadounidenses que exportan mercancías de la eurozona a los Estados Unidos, por ejemplo?) Sin embargo, es importante comprender que el valor de una moneda puede declinar cuando se deteriora el balance comercial.

En consecuencia, cuando se revela que la balanza comercial de Estados Unidos ha caído un 3% a pesar de que las predicciones apuntaban a que caería solo un 2%, hay bastantes posibilidades de que el valor del dólar caiga.

Estabilidad política

El mercado Forex (o FX) se ve mucho más influenciado por la política que los mercados de valores. Esto es comprensible porque los operadores del mercado Forex comercian básicamente en economías nacionales, no en empresas individuales. La inestabilidad política de una nación puede dañar el crecimiento económico de esa nación y por consiguiente debilitar su moneda.

Piensa en la crisis del euro; por lo menos una buena parte del declive del valor del euro se debió a las continuas discusiones de los líderes europeos sobre cuál era la mejor solución para la crisis del crédito que primero hundió a Grecia, Irlanda y Portugal, seguidos de Italia y España, para después continuar por el resto de la eurozona.

Nota

Aunque operar con técnica (de lo cual vamos a hablar a continuación) te podría parecer más útil, sería inteligente que siguieras observando estos cuatro temas fundamentales. Los datos sobre el empleo, el crecimiento económico, los desarrollos importantes en cuanto a la legislación y políticas nacionales (por ejemplo, la disputa en el Congreso de EE.UU. sobre la subida del techo de la deuda en 2011, que fue un motivo de preocupación para los mercados financieros) y las decisiones sobre el tipo de interés, son todos ellos factores que pueden tener un impacto directo sobre un par de divisas, sin importar lo que los indicadores técnicos digan.

CAPÍTULO 11 ANÁLISIS TÉCNICO

El análisis técnico (AT o Technical Analysis en inglés) es el estudio de los movimientos de los precios del pasado con el objetivo de predecir los movimientos de los precios del futuro. Muchas de las estrategias de operación más exitosas se basan en el análisis técnico.

Además de los gráficos de precios, los analistas técnicos también utilizan los llamados *indicadores técnicos*. Se trata de fórmulas matemáticas que se centran en un aspecto específico del desarrollo del precio, como por ejemplo el precio actual de una divisa en concreto, en comparación con el precio medio durante 100 periodos del pasado.

En el pasado, los operadores calculaban a mano los indicadores técnicos, que solo los profesionales del negocio conocían. Hoy en día, están disponibles de una forma económica y sencilla para los millones de operadores amateur que comercian en el mercado de Forex gracias a las conexiones de internet de alta velocidad. Incluso vienen incluidos en las plataformas de operaciones gratuitas que ofrecen los brókers de Forex. Debido a estos factores, la importancia de los indicadores técnicos se ha incrementado considerablemente. Sin embargo, puesto que hay muchos más operadores que utilizan los indicadores técnicos, y que en ocasiones los siguen ciegamente, estas señales también se han convertido en algún tipo de profecía autocumplida.

Por eso es importante comprender que, a fin de cuentas, los precios de las divisas no vienen determinados por las noticias de actualidad, los indicadores técnicos, ni las políticas de los gobiernos, sino que se forman a través de las acciones y reacciones de los agentes que participan en el Forex. Si entiendes esto tendrás media guerra ganada.

ELABORAR GRÁFICOS Y MEDIR LA EVOLUCIÓN DE LOS PRECIOS

Los analistas técnicos estudian la evolución de los precios en el pasado y tratan de predecir los movimientos futuros de los precios en base a ellos. Esto es posible porque, aunque en la evolución de todos los precios hay periodos que parecen incomprensibles y (aparentemente) aleatorios, por lo general se pueden identificar los patrones.

Es posible encontrar algunos de estos patrones con tan solo trazar un gráfico de los precios de cierre diarios sobre unos ejes X e Y. Si, por ejemplo, anotas cada cierre diario del EUR/USD (obviamente, el Forex no cierra durante la semana, por lo que simplemente tienes que seleccionar un tiempo determinado cada día) y observas la evolución del par durante dos meses, con toda seguridad apreciarás unos patrones recurrentes. Pero antes de que te dejes llevar por el entusiasmo y empieces a anotar los precios tú mismo, también puedes simplemente mirar uno de los gráficos que genera automáticamente la plataforma de operaciones de tu bróker y estudiar la evolución del EUR/USD, sin que sea necesario que hagas todo el trabajo sucio.

Échale un vistazo al siguiente gráfico de Forex, que muestra la evolución del precio del EUR/USD entre 2006 y junio de 2008 (cada vela representa a un mes). No necesitas ser Sherlock Holmes para encontrar una tendencia alcista aquí ("elemental, querido Watson"). Como normalmente no hay muchas inversiones en las tendencias a largo plazo, entre los años 2007 y 2008 lo lógico hubiera sido tan solo seguir la tendencia y abrir una posición larga en el EUR/USD (p. ej. comprando euros y vendiendo dólares). Evidentemente, esta es una simplificación de la evolución del precio de un par de divisas, pero ilustra la manera en la que puedes obtener información valiosa con tan solo mirar un gráfico.

3. EUR/USD 2006/2008

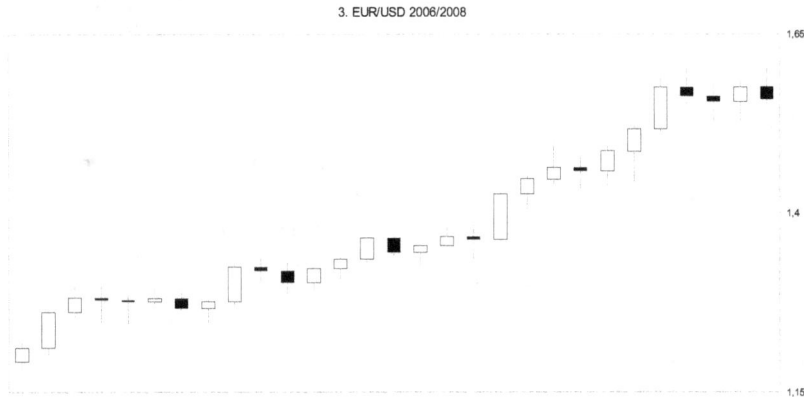

LAS DIFERENTES MANERAS DE ANALIZAR LAS EVOLUCIONES DE LOS PRECIOS

Prácticamente hay tres maneras de examinar la evolución de los precios:

1. La evolución del precio en el tiempo.
2. El avance de la evolución del precio en el tiempo.
3. La evolución del precio en diferentes periodos de tiempo.

La evolución del precio en el tiempo

Esto consiste simplemente en hacer un gráfico de los precios durante un periodo específico.

El avance de la evolución del precio en el tiempo

Muchos de los mejores y más populares indicadores técnicos pertenecen al tipo de los llamados 'derivados': es decir, los que miran el avance de la evolución del precio. Una razón importante de su popularidad es que permiten filtrar con facilidad los 'falsos' (o, para ser más exactos, de corta duración) avances y por ese motivo ofrecen una visión más clara de lo que está ocurriendo en el mercado.

La evolución del precio en diferentes periodos de tiempo

La evolución del precio de una moneda en los últimos 60 minutos no tiene nada que ver con la evolución en las últimas 24 horas, o 30 días. Por ese motivo, los analistas técnicos miran diferentes periodos de tiempo según el horizonte de su inversión (intradiaria, diaria, semanal, etc). De esta manera, un operador intradiario podría escoger los gráficos de 15 minutos, 4 horas y diarios para conocer la evolución del precio y seleccionar correctamente los puntos de entrada y de salida para su operación.

GRÁFICOS DE VELAS

El análisis técnico y los gráficos de velas van siempre juntos como la noche y las estrellas, Laurel y Hardy, Spock y Kirk, la uña y la carne... bueno, ya entiendes la idea. Aunque la mayoría de los brókers ofrecen la opción de mostrar los pares de divisas en gráficos de líneas y barras, la gran mayoría de los operadores utilizan únicamente los gráficos de velas. La verdad lisa y llana es que ofrecen más información y lo hacen en un formato más claro que el de los gráficos de líneas o barras.

Aunque el gráfico de velas es la forma más popular de marcar los precios, dista mucho de ser algo nuevo. El gráfico de velas es un invento de los comerciantes de arroz japoneses en el siglo XVII (o al menos eso cuenta la leyenda). La genialidad del gráfico de velas consiste en que muestra casi a la perfección lo que ocurrió con el precio de un par de divisas durante cierto periodo. Cuál fue el precio más alto, el más bajo, le precio de cierre, lo lejos que viajó el precio y si este estaba en medio de un rally cuando se cerró, o si justo después de su impulso, se desvaneció. Como el gráfico de velas utiliza dos colores diferentes —uno para la caída de los precios y otro para la subida— también puedes ver cómo evolucionó el precio en el curso de varios periodos.

Hay todo tipo de velas y de modelos de velas, como la vela *Doji*, la vela *Doji de Piernas Largas*, la *Doji Lápida*, la *Harami*, el *Martillo*, la *Nube Oscura*, los *Tres Cuervos Negros*, los *Tres Soldados Blancos*, etc. Si quieres ahondar un poco más en el mundo de los patrones de velas, te sugiero la lectura del libro de Greg

Morris *Candlestick Charting Explained.*[20]

Algunos ejemplos y modelos de gráficos de velas o candelabros (candlestick)

El Doji

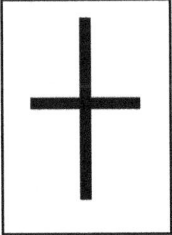

Esta es una vela sin cuerpo. El Doji muestra que ha habido indecisión en el mercado. Ha habido algunos movimientos en el precio, como muestran las llamadas sombras y las extremidades, que muestran el precio más alto y más bajo durante el periodo que la vela representa, pero el precio de cierre es el mismo que el de apertura. Por lo tanto, no habido mucha acción del precio.

Los Tres Soldados Blancos

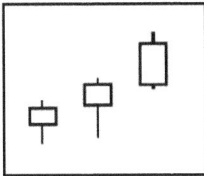

Este es el sobrenombre para tres velas en una fila. Significa que hay una fuerte tendencia alcista y que existen muchas posibilidades de que esta continúe. Una buena regla general es que cuanto más tiempo siga la tendencia en curso, mayores serán las probabilidades de que continúe así. Naturalmente, no hay nada seguro al 100%, pero tenlo presente cuando veas esta tendencia.

El Martillo

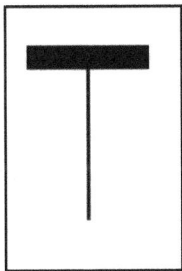

Se trata de una vela con un cuerpo pequeño y una sombra larga. Es un modelo que muestra una reversión hacia una tendencia alcista que aparece en una tendencia bajista, lo que significa que la tendencia probablemente esté a punto de cambiar de dirección. La razón es simple: el precio ha estado bajando, pero en algún momento durante el periodo de esta vela, empezó a moverse en la dirección contraria. Por lo que parece, el precio bajo era insostenible, lo que hizo que subiera. Al final de este periodo, casi todo el descenso del precio ha sido neutralizado. Por el contrario, cuando esta vela aparece en una tendencia alcista, esto significa que hay una probabilidad creciente de que el precio baje en un futuro próximo; dicho modelo se conoce como el *Ahorcado*.

El Martillo Invertido es un martillo que se sostiene sobre su parte superior, después de varias velas rojas. Esto implica que el precio —tras haber caído

---

20   Otro libro bastante conocido acerca de los gráficos de velas es *Velas y otras técnicas de Extremo Oriente* de Steve Nison.

durante varios periodos—intenta subir en el periodo del martillo invertido, pero no parece que acumule la fuerza necesaria para hacerlo aún. Es bastante probable que el precio intente ascender de nuevo en el siguiente periodo.

CAPÍTULO 12 MODELOS DE GRÁFICOS

Los operadores técnicos y los fundamentales están de acuerdo por lo menos en una cosa: los desarrollos de los precios no son completamente aleatorios, porque si lo fueran, no tendría sentido ni seguir las noticas, ni estudiar los gráficos, ni utilizar los indicadores técnicos.

Si eres un operador técnico, hoy en día puedes dejar que los indicadores técnicos hagan todo el trabajo por ti a la hora de predecir los movimientos de los precios en el futuro, pero los operadores más exitosos aprenden a reconocer ciertos modelos en los gráficos por sí mismos.

Al estudiar los gráficos de Forex tú mismo, no solo conseguirás predecir mejor el desarrollo del precio normal de un par de divisas en concreto, sino que también desarrollarás una comprensión mucho más profunda del mismo. Como cuando Cifra le dice a Neo en Matrix, mientras las hileras de código verde caen sobre la pantalla: "Ya ni siquiera veo el código, solo veo una rubia, una morena, una pelirroja."

Una simple mirada a un gráfico de Forex al azar es suficiente para descubrir un tesoro oculto de información. Por ejemplo, échale un vistazo al gráfico de velas del EUR/USD de diciembre de 2009 a marzo de 2010 (cada vela es una semana). No tendrás que esforzarte mucho para ver que el tipo de cambio del EUR/USD cayó considerablemente en los primeros meses de 2010. Obviamente, el gráfico no te dirá *por qué* sucedió, pero te dará una imagen bastante buena de cómo lo hizo.

7. EUR/USD Dicembre 2009- Marzo 2010

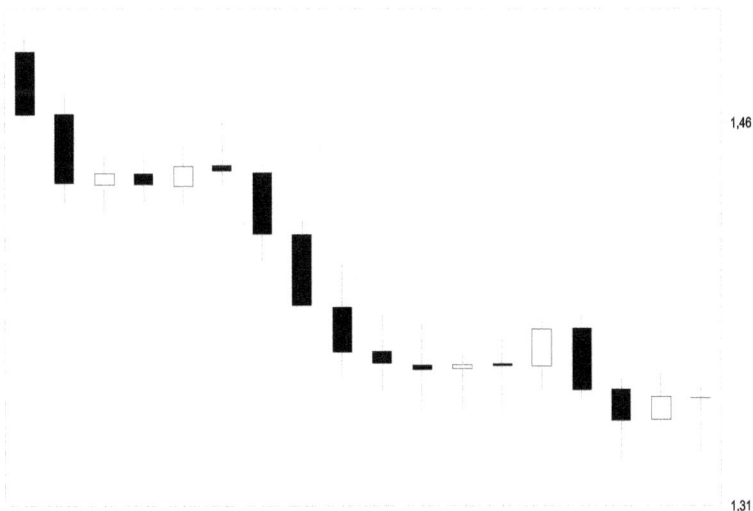

1,46

1,31

Los pares de divisas se mueven debido a acciones humanas. Los operadores, los fondos de cobertura, las multinacionales, los gobiernos y los bancos son entes que abren posiciones en el mercado Forex, y la suma de todas estas posiciones es lo que determina hacia dónde va el tipo de cambio de un par de divisas. Y, aunque las acciones humanas son parcialmente ambivalentes, emocionales y exageradas, no son aleatorias. A largo plazo las acciones humanas en el mercado Forex son racionales, porque todo el mundo intenta conseguir o ahorrar dinero con sus posiciones en el mercado de divisas.

Si el desarrollo del precio de un par de divisas no es aleatorio, eso significa que tiene que haber modelos, unos modelos que son, en esencia, la traducción del comportamiento humano a los precios de un gráfico. Un ejemplo clásico de dicho modelo es el *Doble Techo/Doble Suelo*. En un modelo de Doble Techo, el precio primero alcanza una nueva cima y luego retrocede. Un poco después, sube hasta la misma altura, pero una vez más es incapaz de seguir moviéndose hacia arriba, tras lo cual se colapsa. La explicación de este modelo consiste en que hay compradores (conocidos como *alcistas*) que pierden interés en el producto, y en consecuencia crean un mercado favorable a la venta (o *bajista*).

PATRÓN HOMBRO-CABEZA-HOMBRO

Esta figura gráfica es a menudo el presagio de una operación buena y rentable. Con frecuencia se ve con claridad y se considera como una señal fiable. La formacion Hombro-cabeza-hombro (Head&Shoulders) se conoce como un *patrón de cambio de tendencia*, porque a menudo es la señal de que la tendencia actual está terminando y que la evolución del precio se va a dirigir en la otra dirección.

El patrón Hombro-Cabeza-Hombro (HCH) se compone de cuatro partes: dos hombros, una cabeza y una línea de cuello. Se dice que el patrón queda confirmado cuando se rompe la línea de cuello. Los operadores que detectan un patrón Hombro-Cabeza-Hombro generalmente colocan su orden de entrada justo a continuación de la línea de cuello, una vez que el patrón ha quedado confirmado.

hombro - cabeza - hombro (H-C-H) EUR/USD noviembre 2006

No necesitas tener mucha imaginación para ver el patrón Hombro-Cabeza-Hombro como la ilustración gráfica de un clímax temporal en la eterna batalla entre las tendencias alcista y bajista. En primer lugar, los alcistas, o compradores, alcanzan un nuevo máximo (el primer hombro). Desafortunadamente para ellos, este punto alto no se puede mantener y el precio cae de nuevo. Después de un tiempo, lo intentan otra vez y alcanzan un pico máximo incluso mayor (la cabeza).

Pero el precio desciende de nuevo, hasta que alcanza la *línea de cuello* (la línea horizontal del gráfico). Entonces los alcistas impulsan el precio hacia arriba de nuevo, pero esta vez no llega más allá del primer máximo (segundo hombro). Esto indica una debilidad mayor, porque muestra que el nuevo avance es menos fuerte que el último.

También existe lo que se conoce como patrón de Hombro-Cabeza-Hombro invertido. El gráfico que verás a continuación ilustra este modelo.

EL DOBLE TECHO/DOBLE SUELO

9. hombro - cabeza – hombre patron invertido

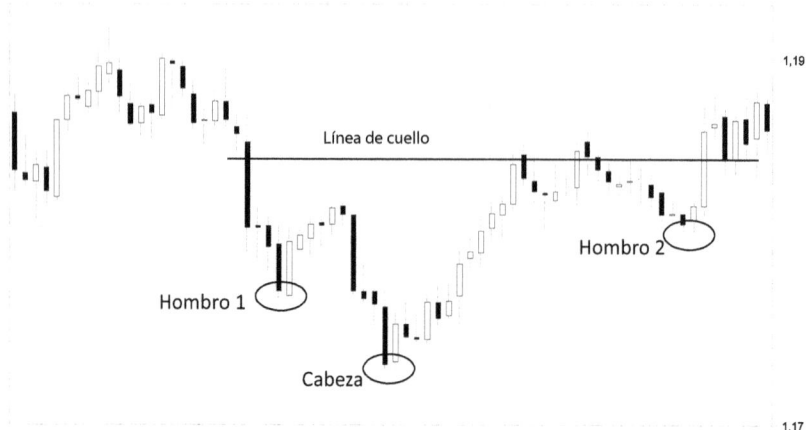

Este es otro patrón fácil de reconocer. En el caso del Doble Techo (Double Top), el precio trata de continuar en una tendencia alcista. Pero tras haber fallado dos veces, los alcistas pierden el ánimo y el precio se desmorona como un castillo de arena. Lo mismo sucede con el patrón de Doble Suelo (Double Bottom), solo que en este caso a la inversa.

En la primera fase del Doble Techo el precio alcanza un nuevo máximo. Sin embargo, este nuevo máximo resulta ser demasiado difícil de batir y el precio retrocede.

Durante la segunda fase, el precio se incrementa otra vez, con el objetivo de alcanzar otra vez el máximo que tuvo que abandonar antes. Pero, al igual que la vez anterior, no lo rompe y el precio cae otra vez. Ten en cuenta que el precio no tiene por qué llegar al máximo, siempre y cuando se quede cerca.

El segundo fracaso es mucho más serio que el primero, porque confirma los indicadores previos que apuntaban a que esa resistencia en particular sería difícil de romper (hay una regla general que sostiene que la resistencia y el soporte —p. ej. los máximos y los mínimos— se hacen más fuertes con cada ataque que resisten).

Es importante que no entres en la operación demasiado rápido cuando detectes un patrón de Doble Techo o de Doble Suelo. Abre la posición solo después de que el precio haya roto realmente el nivel de soporte. Entonces tendrás que contenerte porque es posible que el precio comience a oscilar entre el soporte y el máximo durante un tiempo, antes de que la ruptura real tenga lugar.

EL PATRÓN TRIÁNGULO

11. Doble suelo GBP/USD sept/oct 2006

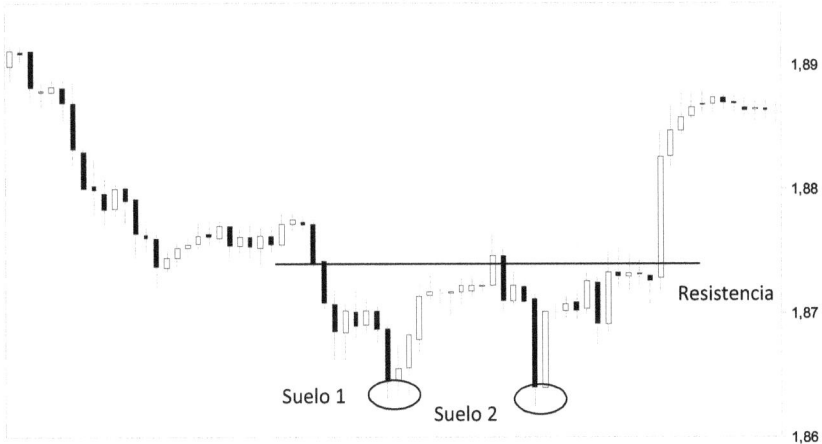

Esta es una de las pautas gráficas más interesantes. Básicamente, hay tres tipos de patrones Triángulo:

1. Triángulo Simétrico
2. Triángulo Ascendente
3. Triángulo Descendente

Triángulo Simétrico

Cuando se forma un Triángulo Simétrico, ni los alcistas ni los bajistas pueden controlar realmente el mercado. Como resultado hay máximos que caen y mínimos que ascienden, lo que hace que los movimientos de los precios estén limitados.

Échale un vistazo al siguiente gráfico. El mercado está continuamente produciendo descensos en los máximos e subidas de los mínimos. Los máximos y los mínimos se van trazando cada vez más cerca los unos de los otros, hasta que apenas hay ninguna variación en el precio. Un Triángulo tan simétrico (también conocido como *patrón Bandera*) a menudo puede conducir hacia una operación beneficiosa, cuando el precio rompe fuera del patrón Bandera, tanto si es al alza como a la baja.

Ante semejante situación, no hay ningún operador que pueda predecir en qué dirección va a romper el precio, pero eso no importa: el objetivo es entrar una vez que ha comenzado la ruptura, sin importar la dirección.

USD/CAD

La mejor estrategia de operaciones en una situación como esta consiste en poner dos *órdenes de entrada* (una orden que solo se activa cuando el precio alcanza un determinado nivel): una colocada justo sobre la línea de resistencia descendiente, y la otra justo sobre la línea de soporte ascendente. De esta manera, tendrás muchas posibilidades de aprovechar la situación sin importar la dirección que tome.

Las *stops* se deben colocar de un modo razonablemente ajustado en operaciones como esta, por ejemplo justo dentro del propio triángulo, porque cuando el precio retrocede dentro del triángulo rápidamente, se demuestra que la señal de entrada era falsa.

Triángulo Ascendente

En el caso de un Triángulo ascendente, el precio consigue unos mínimos incluso más elevados, pero no es capaz de atravesar una resistencia específica en la otra dirección. Esta figura gráfica se parece un poco al patrón de Doble Techo, solo que sin un nivel de soporte a la baja claro. Los bajistas están perdiendo fuerza claramente, porque el precio más bajo continua ascendiendo, pero los alcistas no son capaces de aprovecharse plenamente de la situación.

En un Triángulo Ascendente, la ruptura suele tener lugar con más frecuencia al alza que a la baja (ten en cuenta que con más frecuencia no significa siempre; las rupturas a la baja también tienen lugar en los Triángulos Ascendentes). Como en el caso del Triángulo Simétrico, coloca una orden de entrada tanto sobre la línea de resistencia como bajo la línea de soporte. De esta manera la dirección de la ruptura no será importante (también puedes colocar tus *stops* muy ajustadas para limitar las posibles pérdidas).

La señal más importante que se puede distinguir en el Triángulo ascendente, es la elevación de la línea de soporte, porque esto es lo que muestra que los bajistas están perdiendo la batalla. Cuando todos los vendedores pierden el entusiasmo al unísono, los compradores (los alcistas), toman el control y empujan el precio más allá del nivel de resistencia.

Los Triángulos Ascendentes suelen ir precedidos de una tendencia alcista, pero también pueden aparecer tras una tendencia decreciente.

Triángulo Descendente

Lo opuesto a un Triángulo Ascendente (por si todavía no lo habías pensado) es, evidentemente, un Triángulo Descendente. Los máximos van más y más hacia abajo, mientras que el precio no tiene éxito a la hora de romper un determinado nivel de soporte en el otro lado. Las diferencias entre los máximos y los mínimos se hacen cada vez más pequeñas, hasta que, bien sean los bajistas o los alcistas —en el caso del Triángulo Descendente, normalmente los bajistas— ganan el impulso suficiente como para empujar el precio más allá de los niveles de soporte o resistencia.

Con el Triángulo Descendente —así como en el caso los Triángulos Simétricos y ascendentes— se utiliza mucho la siguiente configuración: colocar dos órdenes de entrada, una sobre la línea de resistencia y otra sobre la de soporte.

Triángulo descendente EUR/USD

Máximos más bajos

CAPÍTULO 13 SOPORTE Y RESISTENCIA

El concepto de soporte y resistencia constituye una de las herramientas más importantes que puedes utilizar como operador. Estos son los niveles de precios en los que se concentran la oferta y la demanda, **en la dirección contraria a la de la tendencia predominante del momento.**

Digamos que hay una tendencia bajista —o dicho de otra manera, un periodo en el que el volumen de ventas es mayor que el de compras—, hasta que el precio alcanza un punto en el cual se concentra un gran volumen de compras en un racimo, por así decirlo. De repente, el volumen de compras supera al de ventas —pues parece ser que muchos operadores piensan que el precio ha alcanzado un punto en el cual es lo suficientemente barato como para entrar— y la tendencia bajista se detiene. Para ver un ejemplo, échale un vistazo al siguiente gráfico; las líneas verticales representan el volumen de compras en un momento dado.

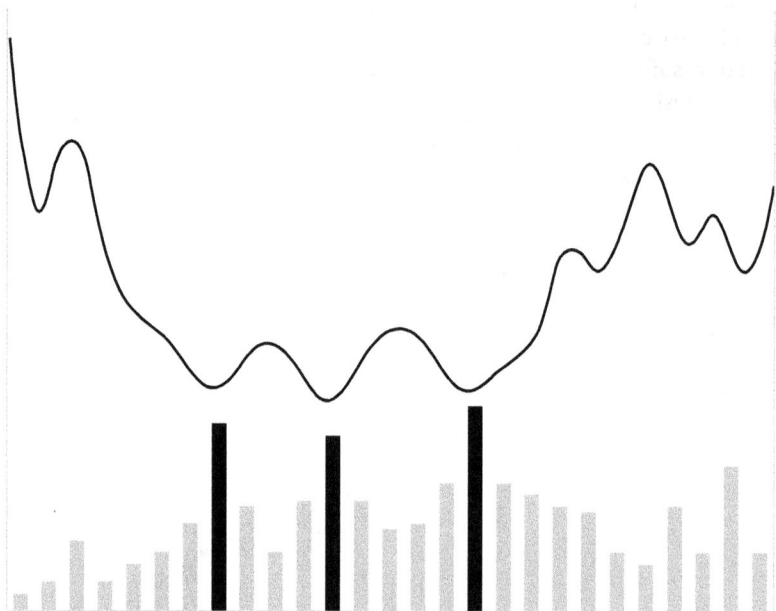

Hay niveles de soporte y resistencia para todos los periodos de tiempo — gráficos de 5 (1 vela por cada 5 minutos), 15 o 30 minutos, de 1 hora, diarios, etc. —, pero cuanto más largo sea el periodo de tiempo, más se consolidarán los correspondientes niveles de soporte y resistencia. Esto es lógico, ya que si un par de divisas ha roto cierto nivel solo una vez en los últimos 5 años, tiene más importancia que si lo ha hecho solo una vez en los últimos 5 minutos.

Generalmente, se dice que un nivel es de soporte/resistencia cuando ha resistido por lo menos un ataque, o de lo contrario no podría ser llamado soporte/resistencia (también hay niveles psicológicos importantes que aún no han sido sometidos a prueba, pero hasta que no lo hagan, no podrán recibir el nombre de soporte/resistencia, aunque lo más probable es que el movimiento del precio pierda toda la fuerza cuando los alcance). Como el punto de soporte/resistencia ya ha repelido un ataque una vez, es muy probable que tenga éxito otra vez. Todos los operadores tienen los mismos gráficos frente a ellos y la memoria colectiva de la comunidad de operadores es fuerte.

Cuando un nivel de resistencia específico parece difícil de romper, aumentan las probabilidades de que los operadores cierren sus posiciones y recojan sus beneficios cuando el precio se aproxime a ese nivel. Por lo tanto, una parte de la fortaleza de los puntos de soporte/resistencia se debe a la profecía autocumplida.

Cuanto más a menudo un nivel de soporte/resistencia resista los ataques, más fuerte se volverá. Conocer estos niveles —los cuales se pueden detectar fácilmente en los gráficos de velas— te puede dar una importante ventaja estratégica como operador de Forex.

CAUSAS DE LOS NIVELES DE SOPORTE Y RESISTENCIA

Hay varias posibles razones por las cuales se forman concentraciones de volúmenes de compras/ventas en determinados puntos. Con frecuencia tan solo se trata de niveles con una importancia psicológica. Podemos encontrar un ejemplo famoso en el índice bursátil Dow Jones y la resistencia a los 1.000 puntos. Entre 1966 y 1982, la resistencia de los 1.000 puntos resultó ser irrompible para los operadores. Se tocó un par de veces, pero no se generó ninguna ruptura duradera. Tras dicha ruptura, que llegó en 1982, los niveles de los 2.000, 3.000, 4.000 y 5.000 puntos fueron atravesados con relativa facilidad. Otro ejemplo es el precio del oro, que no subió de los 400 dólares desde mediados de los ochenta hasta la primera parte de los noventa.

CÓMO UTILIZAR EL SOPORTE Y LA RESISTENCIA

El soporte y la resistencia pueden ser grandes herramientas para determinar las entradas y las salidas de tus posiciones. Sin más armas que un gráfico de velas, puedes identificar los puntos de soporte y resistencia y determinar la mejor estrategia para aprovecharte de ellos, sin ni siquiera utilizar un indicador técnico.

Uno de los efectos adversos de que los indicadores técnicos se hayan vuelto universales y gratuitos, es que algunos de los operadores más noveles ya casi no consultan los gráficos de velas, si no es para mirar cómo se ve tal o cual indicador técnico en el gráfico. Pero lo cierto es que para identificar bien una tendencia o para ver en qué lugar un precio no podría mantener una tendencia, no necesitas un indicador técnico.

Como operador, te puedes beneficiar de los niveles de soporte y resistencia al utilizarlos como pistas acerca de la evolución del precio en el futuro. Por ejemplo, un buen momento para abrir una posición sería cuando el precio se recupere de un nivel de soporte/resistencia. Tras un rebote así, no es probable que el precio se vaya a romper en un futuro próximo.

Coloca tu *stop* un poco por encima/debajo del punto que el precio alcanzó, y tu *profit target* un poco antes del soporte/resistencia en la otra dirección. El próximo gráfico ayuda a ilustrar este punto.

Como ya se ha señalado antes, hay niveles de soporte y resistencia para todos los periodos de tiempo, pero cuanto mayor sea el periodo de tiempo, más importante se volverán el soporte y la resistencia.

Durante el transcurso de una sesión de operaciones, se pueden encontrar niveles de soporte/resistencia intradiarios. Estos podrían ser los puntos de precio que determinen el rango de operaciones de ese día, debido a que los operadores intradiarios hayan decidido vender o comprar dentro de ese nivel. Los niveles de soporte y resistencia durante las sesiones de operaciones pueden estar separados por unas decenas de *pips* o incluso por más de 100, como a menudo sucede con el GBP/USD a lo largo de la sesión europea. Por el contrario, el rango a veces puede ser de tan solo algunos *pips*, como se observa de un modo rutinario en el EUR/GBP durante la sesión de operaciones asiática.

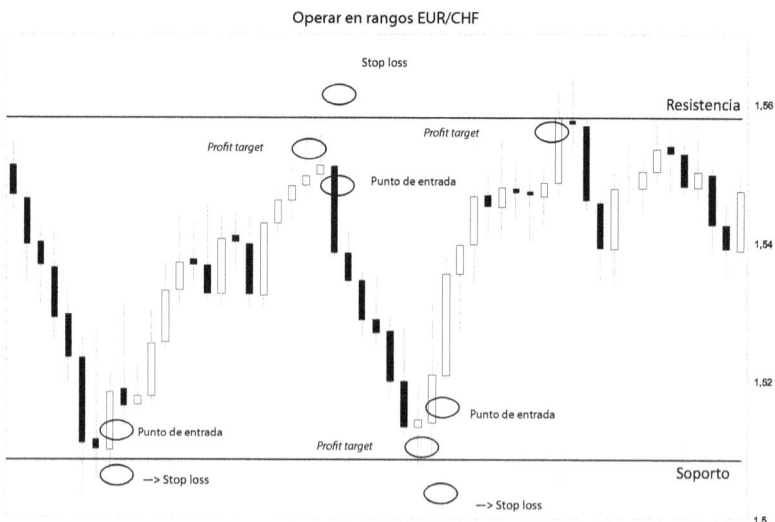

Operar en rangos EUR/CHF

ALGUNOS CONSEJOS PARA UTILIZAR EL SOPORTE Y LA RESISTEN-CIA

Hemos mencionado algunos de estos consejos con anterioridad, pero repasarlos una vez más siempre viene bien.

1. Cuanto más rápido sea el movimiento del precio antes de alcanzar el obstáculo del soporte/resistencia, mayor será la importancia de dicho obstáculo. Esto tiene sentido, porque una parada brusca revela mucho más que un precio que se mueve hacia abajo, hacia abajo... más despacio... más despacio... aún más despacio... parada.

2. Cuanto mayor sea la frecuencia con la que un soporte/resistencia aguante los ataques, más fuerte se volverá. Esta es la pista más importante que obtendrás acerca de la importancia de un determinado soporte/resistencia. Si un soporte llega a resistir tres veces, entonces tú y los otros millones de operadores ya sabréis que hay bastantes posibilidades de que esto vuelva a ocurrir otra vez. Esto genera grandes oportunidades para operar.

3. Cuanto más largo sea el periodo de tiempo del gráfico en el que se pueden detectar la resistencia o el soporte, más importantes serán, probablemente, la resistencia o el soporte. Como hemos dicho anteriormente, también hay niveles de soporte y resistencia en un gráfico de 5 minutos. Sin embargo, estos son menos significativos que los que se observan en periodos de tiempo más largos, a no ser que, como es obvio, esos mismos niveles también se puedan ver en gráficos que recojan periodos de tiempo mayores. Esto no significa que no sean útiles (e incluso muy beneficiosos). Para los operadores intradiarios que mantienen las posiciones abiertas por un máximo de dos horas y con *profit targets* de alrededor de 30 *pips*, los niveles de soporte y resistencia de un gráfico de 5 minutos pueden ser extremadamente útiles.

4. Cuanto más tiempo pase entre la primera y la última vez que un nivel de resistencia/soporte sea atacado, menos importante se volverá. El tiempo es algo de alguna manera relativo aquí, porque la importancia disminuye mucho más rápido en un gráfico de 5 minutos que en uno semanal. La idea que subyace aquí es que cuanto más tiempo transcurra desde que los operadores realizaron operaciones cerca de los niveles de soporte/resistencia, menos importantes se volverán.

5. No te compliques mucho la vida a la hora de detectar los niveles de soporte y resistencia. Si no eres capaz de distinguirlos sin toda clase de ayuda y herramientas en el gráfico principal de tu configuración, lo más probable es que no tengan mucho impacto.

CAPÍTULO 14 LOS INDICADORES TÉCNICOS MÁS IMPORTANTES

Los indicadores técnicos son fórmulas matemáticas basadas en unos parámetros específicos, que se centran en aspectos de los movimientos del precio en el pasado de un instrumento financiero (p. ej. un par de divisas en el Forex) y utilizan la información resultante para realizar una predicción sobre los movimientos del precio en el futuro.

En otras palabras: un indicador técnico mira el desarrollo del precio en el pasado, en base a lo cual resulta más fácil predecir los movimientos del precio en el futuro. Los indicadores técnicos no contemplan los fundamentos que hay tras una acción o instrumento financiero —como las cifras del paro o de la inflación—, sino que solo observan la evolución del precio. Esto hace que los indicadores técnicos resulten interesantes principalmente para operadores a corto plazo, ya que los factores fundamentales tienen un impacto significativo en la evolución de las acciones y los instrumentos financieros a largo plazo. No obstante, esto no quiere decir que los operadores a largo plazo no deban utilizar los indicadores técnicos para decidir sus puntos de entrada y de salida, sino que estos probablemente sean más precisos para el corto plazo.

Hay muchos indicadores técnicos que van más allá del alcance de este libro, pero algunos de los más importantes se merecen una atención especial.

MEDIAS MÓVILES (MOVING AVERAGE)

La manera más sencilla de extraer conclusiones importantes acerca del nivel de un precio es mirar su valor relativo en comparación con otros niveles de precios anteriores. Esto se puede hacer calculando la *media móvil simple* (o SMA por sus siglas en inglés) de la evolución de un precio.

La SMA es el resultado de la suma de los precios de cierre de un instrumento con el que se puede operar (en este caso un par de divisas), dividido por el número de precios de cierre. Por ejemplo, para obtener un SMA de 10 periodos, suma los precios de cierre de 10 periodos y divide el resultado entre 10. Por cada nuevo precio de cierre que añadas, elimina el precio de cierre más antiguo. Si trazas el SMA de estos 10 periodos en unos ejes X e Y, podrás ver la evolución del precio medio para un instrumento de operaciones dado durante los últimos 10 periodos.

El punto débil de la SMA es su *desfase,* o distanciamiento de la realidad del momento, que es bastante grande. Las SMA importantes, como la 100 SMA y la 200 SMA (que contemplan 100 y 200 periodos respectivamente), toman en cuenta los niveles de precios desde hace mucho tiempo. Sin embargo, al mismo tiempo estas SMA ofrecen una imagen razonablemente precisa del consenso en el mercado. Te dan una idea de dónde se encuentra el nivel del precio actual en relación con la tendencia a (más) largo plazo. Si los precios están sobre la SMA, se dice que están en una tendencia alcista, mientras que si están por debajo, se dice que están en una tendencia bajista. Es simple, sí, sin embargo, la SMA tiene bastante utilidad.

INDICADORES DERIVADOS DE LA SMA Y MÉTODOS

Algunos de los indicadores técnicos más exactos se basan en la idea de la SMA, como la media móvil exponencial y el filtro 3 SMA

Media móvil exponencial (EMA o Exponential Moving Average)

La *media móvil exponencial* (EMA) funciona de la misma manera que la SMA, solo que le da más importancia a los movimientos de precios recientes. La idea que se encierra tras esto es obvia: cuanto más reciente sea un precio, mayor relevancia tendrá en lo que se refiere al futuro (cercano). Un ejemplo de cálculo de la EMA sería multiplicar el nivel de precio más reciente (p. ej. un periodo 10 de 10) por 10, un periodo 9 de 10 por nueve, un periodo 8 de 10 por 8, etc. Suma la cifra que obtengas de cada periodo y después divide el resultado por el número de múltiplos (10+9+8+7 etc.).

Naturalmente, esto hace que el EMA sea capaz de reaccionar a las evoluciones del precio recientes mucho más deprisa que la SMA, pero también aumenta el margen de error, porque los periodos más antiguos quedan excluidos del cálculo en su mayoría. La diferencia entre la SMA y la EMA aumenta cuando se incrementa el número de periodos que se miden (por ejemplo 20, 40, 65 etc.).

Sistemas de cruce de medias móviles

Cuando el precio se mueve hacia delante y hacia atrás dentro de un canal estrecho (lo que se conoce como *oscilador*), el margen de error de las medias móviles aumenta considerablemente. Recuerda que, como ocurre con todos los indicadores técnicos, las medias móviles van un poco por detrás del tiempo por definición y que, cuando los precios se mueven rápidamente hacia delante y hacia atrás, las predicciones sobre los movimientos de los precios en el futuro se vuelven menos precisas.

Por esa razón muchos operadores utilizan filtros compuestos por varias medias móviles para buscar situaciones en las cuales estas diferentes MAs se cruzan las unas con las otras. Esto es lo que se conoce como *Estrategias de cruce de medias móviles*.

Los operadores principalmente buscan momentos en los cuales una media móvil a corto plazo se cruza con una media móvil a largo plazo. Cuando la MA a corto plazo se cruza con la MA a largo desde *abajo*, se genera una señal de compra, mientras que si se cruza desde *arriba*, se genera una señal de venta.

Como estas señales indican que la evolución de un precio que ya está en curso, comprar y vender en los mismos cruces no suele ser un movimiento acertado.

La razón para esto, es que el cruce real normalmente solo tiene lugar después de que haya habido una notable oscilación hacia arriba o hacia abajo. Dicha oscilación suele ir seguida de lo que se conoce como un movimiento de *corrección*, con el que se recupera una parte del terreno que se recorrió en la oscilación. Estas correcciones a menudo son generadas por la acción de los operadores que cierran sus posiciones para recoger los beneficios, al tiempo que otros intentan entrar en la parte superior o inferior del movimiento, lo que mueve el precio en la dirección contraria. Entrar en ese momento a menudo significa comprar por el precio más caro y vender al más barato.

Entonces, ¿cuál es su objetivo?

El valor de esta clase de filtros de media móvil radica en que son capaces de determinar en qué tipo de tendencia está involucrada la acción del precio. Cuando la MA a corto plazo está por encima de la MA a largo, la acción del precio está en una tendencia alcista (esto es, cuanto más reciente es el periodo que se mide, mayor es el precio) y viceversa. El cruce apunta a una posible inversión de tendencia. El *'comercio de ajustado a amplio 3 SMA'* que se explica a continuación es un ejemplo de esto.

Filtro 3 SMA

Un filtro bien conocido es el de las 3 SMA, que se compone de 3 SMAs de diferentes periodos. Para trabajar con el filtro 3 SMA se suelen medir 3, 20 y 65 periodos. Cuando la SMA a corto plazo está sobre la SMA a medio plazo, y esta a su vez está por encima de la SMA a largo plazo, se puede decir que el precio se encuentra en una clara tendencia alcista. Dicho de un modo simple: cuando se mide en el periodo más largo, el precio es X, en el medio es X+1 y en el más corto X+2. Por lo tanto, cuanto más reciente es el periodo de tiempo que se mide, mayor es el precio.

Si bien el filtro 3 SMA muestra la tendencia actual, no te dice si esta va a continuar o no. Sin embargo, es una herramienta importante para los operadores que se centran en los movimientos de tendencias. La función principal del filtro SMA es la de mostrarte cuando *no* debes entrar en una operación. ¿Están las SMA muy cerca, o no están alineadas las unas con las otras (la corta por encima de la media y la media sobre la larga)? Entonces el operador de tendencias sabe que no es el momento adecuado para entrar, porque no hay una tendencia clara.

Comercio de ajustado a amplio 3 SMA

Hay una excepción a la regla de que el filtro 3 SMA no se puede utilizar para generar una señal de entrada (solo para determinar en qué clase de mercado nos encontramos ahora mismo, alcista, bajista o de rango). Esto ocurre cuando las 3 SMA están muy cerca y entonces empiezan a separarse en la alineación adecuada. Dicha alineación adecuada sería cuando la corta está sobre la media y la media, sobre larga en una tendencia alcista, y viceversa en el caso de una tendencia bajista.

La razón más importante para esto, es que entrar en este punto conlleva pocos riesgos, pero tiene mucho potencial. ¿Por qué hay tan poco riesgo? Porque hay muy poca diferencia de precio cuando la media móvil a corto plazo se cruza con la media móvil a medio plazo (recuerda que las 3 SMA estaban muy cerca). Por eso, hay menos posibilidades de que haya una corrección, e incluso si esta ocurre, será mínima.

Cuando se afirmó anteriormente que no se debía entrar en un cruce, era porque estos solo muestran el lugar donde sucede un gran cambio, después de que este haya ocurrido, a lo que hay que sumar el riesgo adicional de que las correcciones entren en juego muy cerca del momento en el que el cruce tiene lugar. Pero cuando las SMA están lo suficientemente juntas y comienzan a divergir, no hay poco riesgo de que ocurra una corrección.

La señal que se ha creado hace que este sea un buen momento para entrar. Para una tendencia alcista, la señal sería que los precios a corto plazo fueran mayores que los precios a medio plazo, y que estos a su vez fueran mayores que los precios a largo plazo. Si las líneas de las SMA se aproximan otra vez, y justo después empiezan a distanciarse aún más, se podría concluir que la divergencia de las SMA era una señal falsa. Sin embargo, tú habrás limitado tu riesgo al colocar unas *stops* relativamente ajustadas.

LAS BANDAS DE BOLLINGER

Este es uno de los indicadores técnicos más populares.[21] Una de las razones es que las Bandas de Bollinger (BBs) te muestran de inmediato cuando el precio se está desviando de su canal de operaciones 'normal'. Muchos operadores manejan habitualmente BBs en sus gráficos de velas.

Para muchos operadores, nada puede superar a la sensación de sacar partido de una tendencia durante el mayor tiempo posible, que es algo así como hacer surf en el tubo de una ola: abrir una posición en una tendencia incipiente para después simplemente disfrutar del viaje por la *larga carretera de la tendencia,* mientras te vas haciendo rico con cada *pip*. Como operador de rango, puedes conseguir la misma sensación con una buena operación de rango, solo que la longitud del movimiento unidireccional del precio es, por supuesto, mucho más

---

21 Las Bandas de Bollinger fueron desarrolladas por John A. Bollinger, un analista financiero de principios de los ochenta. El trabajo estándar sobre este indicador técnico es "Las Bandas de Bollinger" (Bollinger on Bollinger Bands) de John Bollinger, publicado en 2002.

corta en este caso.

¿Pero cuándo se puede hablar de una tendencia? ¿Y cómo la puedes detectar lo más rápido posible? Aquí es donde entran en juego las Bandas de Bollinger. Las Bandas de Bollinger se basan en el hecho de que los precios se mueven dentro de un determinado ancho de banda entre el 70% y el 80% del tiempo. Cuando los precios se empiezan a mover **fuera** de la banda, esto puede significar el principio de una tendencia.

Las Bandas de Bollinger miden la *desviación estándar* (DS) del precio en comparación con los 20 periodos de la media móvil. Cuando las BBs están cerca, esto significa que la volatilidad del mercado es baja, porque la diferencia entre los dos extremos —la desviación estándar al alza y a la baja— es pequeña.

En el siguiente ejemplo, las BBs están relativamente distanciadas, lo que significa que la volatilidad del precio es alta y esto hace que sea más difícil predecir la dirección del mercado.

Bandas de Bollinger

Utilizar las Bandas de Bollinger para abrir y cerrar posiciones

Para utilizar las Bandas de Bollinger con éxito cuando se opera en el mercado Forex, hay que tener en cuenta tres cuestiones:

1. La detección de tendencias -- ¿Cuándo se puede decir que una tendencia está emergiendo?
2. El punto de entrada -- ¿Cuándo abrir una posición?

3. El punto de salida -- ¿Cuándo se considera que una tendencia ha llegado a su fin?

De estas tres cuestiones, la tercera es —quizás sorprendentemente— la más importante. Los operadores suelen subestimar el valor de los puntos de salida. Muchos operadores se preocupan principalmente por los puntos de entrada. ¿Qué acción, materia prima o divisa debo comprar? ¿Cuándo debo ir en largo en el euro? Evidentemente, es importante elegir un buen momento para entrar en una operación, pero la razón por la cual muchos operadores principiantes pierden dinero es porque: a) No saben cómo limitar sus pérdidas y b) No saben cómo capitalizar sus operaciones ganadoras. Tanto a como b se determinan al encontrar los puntos de salida adecuados (nota: examinaremos más de cerca los puntos de salida más adelante en este libro).

Detectar tendencias -- ¿Cuándo podemos decir que una tendencia está emergiendo?

Al utilizar las Bandas de Bollinger, se dice que una posible tendencia está emergiendo cuando el candelabro se cierra sobre la BB superior o por debajo de la BB inferior. Sin embargo, ten en cuenta que un simple contacto o cruce con la banda no es suficiente. Un cierre sobre/debajo de la Banda incrementa las posibilidades de que se produzca una ruptura definitiva (todo lo definitiva que pueda ser dentro del ámbito de las operaciones financieras).

Punto de entrada -- ¿Cuándo abrir una posición?

Incluso si la vela se cierra en la zona de compra/venta (fuera del canal de las BBs), todavía no hay que abrir una posición inmediatamente. ¿Por qué? Porque debemos buscar siempre propuestas de bajo riesgo. La diferencia entre los operadores que consiguen beneficios y los que no, no suele estribar en ser capaz de "elegir una ganadora", sino más bien en saber cortar las pérdidas y dejar que las ganancias corran. Por eso generalmente es mejor esperar a que los precios retrocedan antes de entrar.

Casi siempre hay algo de retroceso después de un rally. Incluso en un gran mercado alcista, unos operadores toman beneficios mientras que otros entran por el lado opuesto porque piensan que el precio está tocando fondo/techo. Los operadores exitosos a menudo entran tras un retroceso; estos no intentan generar tendencias (prueba suerte en la industria de la moda, si esto no te gusta), sino que tratan de seguirlas.

Entrar solo después de que el retroceso haya tenido lugar puede limitar tu riesgo de exposición en una posición considerablemente. Si el precio continua moviéndose lejos del máximo o del mínimo —lo que significa que el retroceso aún no ha parado, ni se ha convertido, por tanto, en una inversión—, eso significa que realmente no ha habido una tendencia con la que empezar, y esto te salvaría de que tu posición experimentara un cierre forzoso (porque tú solamente habrías entrado después de que el retroceso haya tenido lugar). Los operadores que abrieron una posición inmediatamente cuando la primera vela se cerró en la zona de compra o de venta, ya no podrán permitirse ese lujo. Una ventaja adicional es que si realmente ha habido un retroceso y el precio vuelve a la zona de compra o venta, tu beneficio será mayor si entras después de que el retroceso haya tenido lugar. El único punto negativo de esta táctica es que de vez en cuando perderás una operación, porque no habrá ningún retroceso. A pesar de que esto es, efectivamente, decepcionante, ocurre muy pocas veces. Además, debes tener en cuenta que la meta de un operador exitoso no consiste en entrar en todas y cada una de las operaciones beneficiosas. La meta es—o debería ser—mantener el Valor Esperado tan alto como sea posible y la exposición al riesgo lo más baja que puedas.

Así pues, solo abriremos una posición después de que el precio haya vuelto momentáneamente dentro del canal. Si la vela se cerró a una distancia considerable de la zona de compra/venta, basta con que el precio toque la BB al retroceder, pero, de igual manera, solo entraremos cuando el precio haya retrocedido temporalmente. De esta manera, limitarás tus pérdidas en el caso de que la tendencia no siga adelante, algo que ocurre por regla general. También aumentarán tus beneficios cuando se forme una tendencia (porque entrarás a un precio mejor).

En ocasiones excepcionales, apenas habrá ningún retroceso y la tendencia se formará al instante, lo que hará que pierdas una operación beneficiosa. Obviamente, esto no es muy agradable, pero consuélate a ti mismo pensando que habrás adquirido un conocimiento que podrás usar a largo plazo, y que conseguirás más dinero esperando por el retroceso.

Punto de salida -- ¿Cuándo se considera que una tendencia ha llegado a su fin?

Como hemos dicho, esta es la cuestión más importante, porque puede tanto limitar tus pérdidas, como incrementar tus beneficios. Muchos operadores noveles aprenden muy pronto el antiguo dicho: "Corta tus pérdidas y deja correr tus ganancias". Esta se considera una de las reglas de oro del intercambio (otra regla famosa: "La codicia es buena"— Gordon Gekko en *Wall Street*). Entonces, si todo el mundo conoce esta regla, ¿cómo es posible que haya tantos operadores que pierdan? La respuesta es obvia: porque es difícil de seguir.

¿Cuál es la tentación mayor que surge tras haber perdido un montón de dinero en el casino o en una mesa de póker? Aumentar las apuestas para recuperar las pérdidas. Para la mayoría de las personas, hacer exactamente lo contrario a cortar las pérdidas y dejar correr las ganancias va en su propia naturaleza. En su lugar, dejan correr las pérdidas e interrumpen sus ganancias. Es muy natural tener problemas para aceptar las pérdidas, así como lo es la necesidad de querer consolidar los beneficios obtenidos. Después de todo, ver como se evaporan los beneficios conseguidos es algo terrible, y ver como se convierten en pérdidas, es incluso peor.

La buena noticia es que examinar y establecer unos puntos de salida con cuidado puede evitar esto. Siempre y cuando te adhieras a ellos, claro...

El punto de salida cuando se trabaja con las Bandas de Bollinger es normalmente aquel en el que el precio toca la banda opuesta. Por tanto, en el caso de que haya una tendencia alcista, si toca la Banda de Bollinger inferior, se crearía una señal de salida. ¿Por qué no el cruce de la Banda o el cierre de una vela bajo la Banda? Es una cuestión de limitar el riesgo de exposición. Una tendencia que no es lo suficientemente fuerte como para permanecer por encima de la Banda opuesta, no puede ser considerada una tendencia como tal y no vale la pena tomar riesgos en base a ella (por utilizar otro dicho, podríamos tomar prestado este del noble juego del póker: "Deberías saber cuándo deshacerte de una mala mano").

El uso correcto de las Bandas de Bollinger no solo incrementa las posibilidades de detectar una tendencia y explotarla con éxito, sino que también nos obliga a pensar en los puntos de salida (tanto para tomar beneficios como para cortar pérdidas). Esto propicia que el enfoque de las operaciones sea más planificado, lo cual a su vez aumenta las posibilidades de que desarrollemos una estrategia de operaciones que dé beneficios.

EL ÍNDICE DE FUERZA RELATIVA

Este es un indicador técnico bastante sencillo pero muy utilizado. El índice de fuerza relativa (*Relative Strength Index* o RSI en inglés) mide la fuerza relativa de una tendencia.[22] El RSI ayuda a estimar mejor lo que podemos esperar de una (posible) tendencia, lo que incrementa nuestras posibilidades de entrar con éxito en una.

Cómo funciona el RSI

El RSI mide la fuerza del desarrollo de un precio al comparar el número de veces que un par de divisas cierra al alza, con el número de veces que cierra a la baja. Esto se suele hacer durante 14 periodos, a través de los cuales los datos se ponderan por del uso de promedios exponenciales; en otras palabras, cuanto más recientes son los datos, más valor tienen.

El resultado es un número entre el 0 y el 100. Un índice sobre 70 indica una situación de sobrecompra, mientras que un índice por debajo de 30 indica una

---

22 Desarrollado por J. Welles Wilder, quién escribió sobre el tema en el libro *Nuevos conceptos sobre sistemas técnicos de operación en bolsa*, de 1978.

situación de sobreventa.

Un índice por encima de 70 o por debajo de 30 no significa que tengas que entrar en acción inmediatamente, sino que solo muestra que el precio ha entrado en una situación de sobrecompra/sobreventa y que si esto cambia, se podría dar una inversión de tendencia.

Cómo utilizar el índice de fuerza relativa

Un método que se utiliza mucho cuando se trabaja con el RSI consiste en compararlo con la acción del precio actual. Por ejemplo, cuando los precios siguen logrando máximos más elevados, pero el RSI no, eso significa que hay un cambio de tendencia o una posible consolidación. Lo mismo sucede con las tendencias bajistas, cuando el precio continúa alcanzando mínimos más bajos, pero el RSI, no.

Divergencia

Detectar la diferencia entre la acción del precio y el impulso es lo que se conoce como *divergencia*. Es un método que funciona bien con varios indicadores técnicos. A primera vista, todo parece que va sobre ruedas en la tendencia, porque los precios siguen adelante en su tendencia ascendente (o descendente, en el caso de una tendencia bajista), pero el indicador técnico muestra que la tendencia ya se está debilitando de facto.

Para detectar rápidamente esta clase de divergencia, los operadores suelen utilizar un simple análisis de líneas de tendencia, para lo cual conectan los máximos/mínimos directamente al RSI: Cuando la línea de tendencia del RSI cae a la vez que el precio sigue subiendo, esto es un fuerte indicio de que el llamado *agotamiento de la línea de tendencia* está muy cerca. El siguiente gráfico ilustra un ejemplo de agotamiento de la línea de tendencia.

—> Divergencia RSI EUR/USD

La máxima ventaja del RSI es que filtra el ruido del mercado. Las evoluciones del precio pueden ser enormemente volátiles, especialmente a corto plazo, lo que hace que sean muy impredecibles. Como el RSI toma en cuenta muchos periodos y le da mucha más importancia a los recientes que a los anteriores, las probabilidades de que haya señales falsas son mucho menores. Por lo tanto, el RSI te puede ayudar a encontrar el momento adecuado para abrir la posición y además incrementa tus posibilidades de realizar una operación exitosa.

ESTOCÁSTICO

El Estocástico (Stochastics) es un indicador técnico hasta cierto punto antiguo, pero todavía popular.[23] La idea esencial del estocástico radica en que en una tendencia alcista, los precios de cierre de cada periodo están siempre cerca del máximo —porque los alcistas continúan elevando el precio— mientras que lo contrario es cierto para una tendencia bajista, cuando los bajistas siguen vendiendo. Es una idea tan simple como lógica. Lo que hace la fórmula del estocástico es mostrar lo avanzada que está la tendencia.

Herramientas para operar en rangos

Como hemos dicho, la evolución del precio de un par de divisas se mueve dentro de un *rango limitado* durante entre el 70% y el 80% del tiempo, lo que significa que el precio se mantendrá dentro de un canal constituido por la resistencia en el alza y el soporte a la baja, mientras que va hacia adelante y hacia atrás sin que ocurran muchas cosas. Para el operador de tendencias genuino, estos

---

23   Desarrollado por el Dr. George Lane en los años cincuenta.

no son los momentos más emocionantes, pero para aquellos que saben cómo capitalizarlos, operar en rangos puede ser una mina de oro. Evidentemente, la ventaja principal de los rangos de precios es que la predictibilidad de la dirección es bastante alta. Esto permite que el operador en rangos pueda trabajar con unas *stops* ajustadas, mientras que las posibilidades de tener éxito son elevadas.

Por ejemplo, digamos que le precio se mueve en un rango de 25 *pips* y tú entras en la parte inferior del rango y sales en la superior. Haz esto el 80% de las veces y podrás obtener unas buenas ganancias. Supongamos que ejecutas 10 operaciones con *stops* de 25 *pips*. Entonces ganarás 200 *pips* (8 X 25 *pips*) y solo perderás 50 *pips* (2 X 25). Deduce 10 X 2 *pips* por el *spread* (10 operaciones) y te embolsarás un beneficio neto de 130 *pips*, o de 13 *pips* por operación como promedio. No está nada mal.

El estocástico entra en juego a la hora de determinar dónde te encuentras dentro del rango de acción del precio. Ten en cuenta que nunca debes confiar en el estocástico ciegamente (algo que también aplica a todos los demás indicadores técnicos), sino que más bien debes utilizarlo como pista, como una razón más para poner una operación o para decidirte a no hacerlo.

El estocástico explicado

Los datos fundamentales del estocástico se obtienen al calcular el nivel de la media móvil, normalmente durante 14 periodos. Hay un estocástico rápido y otro lento.

El estocástico rápido mide el precio en comparación con los 14 periodos de la Media Móvil y los califica en una escala del 1 al 100. El estocástico lento es la media de los 3 periodos del estocástico rápido. La ventaja del estocástico lento es que filtra el ruido del mercado incluso mejor que el estocástico rápido. Desafortunadamente, también muestra un *desfase* mayor a causa de esto.

El estocástico se mueve dentro de un valor del 1 al 100. El número estocástico de un precio dado, por tanto, te muestra dónde está el precio, en comparación con los 14 periodos de la Media Móvil. Así pues, si el estocástico de un precio dado es de 50, eso significa que el precio se encuentra exactamente a la mitad de los 14 periodos de la media móvil.

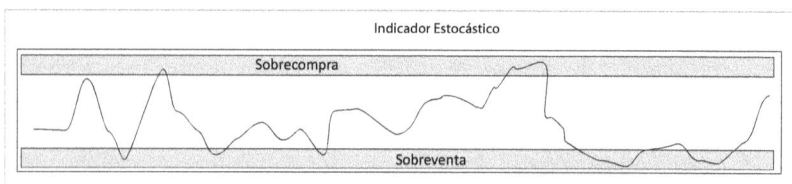

Indicador Estocástico

Sobrecompra

Sobreventa

La regla básica establece que cuando el estocástico marca 80 o más, los precios se encuentran en una fase de sobrecompra (lo que hace que sea más probable que baje el precio). Por el contrario, si marca 20 o menos, indica que hay una fase de sobreventa (lo que hace que sea más probable que el precio aumente).

Esto no significa que debas ir en corto inmediatamente si el estocástico es de más de 80, o en largo cuando esté por debajo de 20. Una lectura alta de 80 o más, o una lectura baja de menos de 20, puede persistir con facilidad durante un periodo más largo de tiempo. La idea es que permanezcas atento al indicador y esperes a que rompa la línea de los 80 o los 20 **otra vez**, lo que señalaría una inversión. En esencia, el estocástico es un medidor del impulso. Si se utiliza correctamente —como hemos descrito antes— te mostrará cuando empieza una inversión de tendencia.

El Estocástico en su máxima expresión: la divergencia

Una de las mejores maneras de utilizar el estocástico es para encontrar una situación de divergencia —durante una fase de sobrecompra/sobreventa (80/20) —, en la que los precios continúen alcanzando máximos aún mayores y mínimos más bajos, mientras que el estocástico esté retrocediendo ya hacia la línea de los 80/20, pero sin cruzarla aún. En ese caso tendríamos una divergencia entre la acción del precio y el estocástico, lo que señala un posible agotamiento de tendencia. Con este método el desfase del indicador, que va por detrás de la acción en tiempo real, no será un obstáculo para ti, porque el indicador que ya baja/sube predice que la tendencia actual podría terminar pronto.

De nuevo, no hay ningún indicador técnico que te pueda dar seguridad al 100% sobre la futura dirección de la evolución del precio (como tampoco puede ningún análisis fundamental). El truco consiste en encontrar posibilidades de bajo riesgo, con las cuales tengas unas probabilidades relativamente bajas de perder una operación y bastante altas de conseguir una ganadora. Tener éxito en esto puede hacer que ganes mucho dinero a largo plazo.

FIBONACCI

Unos de los indicadores técnicos más populares, pues muchos operadores los utilizan, son los cocientes de Fibonacci. Por ese motivo es esencial que conozcas cómo funcionan. Después de todo, la gente impulsa a los mercados.

La sucesión de Fibonacci es el indicador técnico más esotérico que veremos en este libro. Es esotérico en el sentido de que no tiene nada que ver con los movimientos del mercado como tales y que no hay ninguna explicación racional por la cual podríamos decir que la sucesión de Fibonacci es aplicable al mercado financiero. Los devotos seguidores de los cocientes de Fibonacci —de los cuales hay muchos— negarán con fervor la irracionalidad de su uso. Pero debido a su popularidad, es importante que sepas de dónde viene todo el este revuelo.

Que la sucesión de Fibonacci se ve a menudo en las evoluciones de los precios es sin duda algo real. Hay niveles importantes de resistencia y soporte que con frecuencia se pueden predecir con la ayuda de los niveles de Fibonacci. Sin embargo, la razón de esto no proviene de ningún poder místico, sino que se trata de algo mucho más mundano.

Cualquier persona que trate de predecir el futuro (y nosotros, como operadores, lo hacemos todos) se arriesga a perderse a sí misma en toda clase de historias del tipo del "Santo Grial" acerca de una partícula/ser/evento astrológico/indicador que pueda explicar todo sobre la gente, el mundo y todo lo que existe en él.

Quizás creas que estoy exagerando acerca de los métodos que los operadores usan para tantear y predecir las evoluciones de los precios en el futuro, pero algunos van mucho más allá de la fe en la sucesión de Fibonacci. Buscan sucesos que influyan en el comportamiento humano tales como los movimientos de las mareas o las manchas solares que alteran la radiación magnética de la Tierra (algo que supuestamente influye sobre el comportamiento humano) y así sucesivamente. Parece que muchas personas simplemente necesitan creer que hay un orden superior para todo lo que nos impulsa.

La razón para dedicarle una introducción tan larga a la sucesión de Fibonacci —que sin duda es algo importante que los operadores han de conocer—, se debe a que también es el último indicador técnico que vamos a tratar en este libro, lo que hace que este sea un buen momento para hacer énfasis una vez más en que no hay que sobrestimar la utilidad de los indicadores técnicos.

A fin de cuentas, lo que impulsa a los mercados es el comportamiento humano. Todo lo que pueda tener una influencia sobre el comportamiento humano es importante, incluyendo los indicadores técnicos —hasta los indicadores técnicos irracionales—, pero al mismo tiempo, no hay ningún mercado que sea inmune a los cambios sustanciales en los valores intrínsecos que subyacen a los precios del mercado. Cuando la economía estadounidense tiene un rendimiento considerablemente peor que el de la economía de la eurozona durante un período de tiempo significativo, el valor del euro aumenta en comparación con el del dólar estadounidense. Después de todo, el núcleo del tipo de cambio del EUR/USD está compuesto por valores económicos. Los indicadores técnicos te pueden ayudar a determinar la fortaleza de la evolución de un precio o a predecir el posible final de una tendencia, pero a largo plazo, la dirección de un par de divisas viene determinada por los valores económicos que subyacen a cada divisa.

También es importante darse cuenta de que muchos operadores tan solo utilizan los indicadores técnicos y fundamentales para encontrar buenos puntos de entrada, pero el éxito de una operación depende solo un 10% aproximadamente de ser capaz de encontrar unos buenos puntos de entrada. Los puntos de entrada, el cálculo de la posición (es decir, determinar el riesgo máximo de exposición por operación) y el Valor Esperado, son mucho más importantes para operar y obtener beneficios en el mercado Forex. Desarrollaremos todo esto más adelante en el libro.

Así pues, finalmente, ¿qué es la sucesión de Fibonacci

Leonardo de Pisa (1170 – 1250), más conocido como Fibonacci, descubrió que una sucesión de números construida con una determinada fórmula: Fn = F(n+1) + F(n- 2) – posee unas interesantes propiedades matemáticas. La sucesión comienza de la siguiente manera:

0,1,2,3,5,8,13,21,34,55,89,144,233,377,610,987,1597

La característica más interesante es que la proporción de números próximos en la secuencia es siempre de 0,618 (aunque esto no es lo que ocurre con los números más pequeños, por cierto). Esta proporción se conoce como phi, o como el número áureo. Otro hecho también interesante es que la proporción inversa de los mismos números próximos es: 1,618; o 1 + phi. Ejemplo: 144/233 = 0,618 233/144 = 1,618

Para acentuar su importancia, los seguidores de la sucesión de Fibonacci con frecuencia destacan el hecho de que le número áureo se encuentra en todas partes en la naturaleza. Algunos operadores parecen creer que algo que juega un papel tan importante como proporción natural, también tiene que ser un factor significativo en los mercados financieros (quizás porque la gente mueve los mercados, ¿la misma gente que a su vez forma parte de la naturaleza?)

Información adicional: in 2001, Donald Simanek, un profesor de física de la universidad de Pensilvania, publicó "Science Askew", que invalidaba muchos de los ejemplos de la proporción de Fibonacci que se había dicho que habían sido encontrados en la naturaleza. Entre otras cosas, describe su examen de la supuesta proporción 'phi' entre la altura total de una persona y la distancia que hay desde su ombligo hasta los pies. Lo que hizo que el examen de Simanek resultara aún más interesante —por lo menos para un 50% de nosotros— fue que utilizó modelos femeninas de traje de baño para demostrarlo. Simanek demostró dos cosas más con su experimento de la "proporción phi en modelos de traje de baño".

Las modelos de traje de baño no poseían la conocida proporción.

Hasta los profesores de física pueden quedar con modelos de traje de baño; solo necesitan encontrar una buena excusa para hacerlo.

Cómo funciona la sucesión de Fibonacci para operar

En el mercado FX, los operadores se concentran en los siguientes niveles de Fibonacci:

0,382 (1 – proporción phi 0,618)

0,5 (la cual, por cierto, ¡no es una proporción áurea real!)

0,618 (phi)

1,382 (nivel de extensión de Fibonacci)

1,618 (nivel de extensión de Fibonacci)

Niveles de soporte de Fibonacci en una tendencia alcista

El clásico método para aplicar los niveles de Fibonacci (Fib) en el análisis técnico consiste en dibujar una línea de tendencia desde el punto mínimo hasta el máximo en una tendencia alcista (y lo opuesto para una tendencia bajista) y después colocar las líneas Fib al 38,2%, el 50% y el 61,8% del movimiento total. Se dice que estas líneas Fib representan unos fuertes niveles de soporte en el caso de un retroceso desde el punto máximo hacia abajo.

Niveles de extensión de Fibonacci

Cuando hay una ruptura en el precio —por ejemplo por encima de un triángulo ascendente (ver capítulo 12) —, los niveles de extensión de Fibonacci se utilizan para determinar hasta qué distancia se va a extender la ruptura. El operador calcula la distancia vertical del triángulo ascendente y después la multiplica por los niveles de extensión de Fibonacci para determinar unos posibles puntos de salida.

Los niveles de extensión que se utilizan de un modo más habitual son el 138,2%, el 161,8%, el 261,8% y el 423,6%. La mayoría de los operadores utilizan los niveles de extensión de Fibonacci en combinación con otros indicadores técnicos y/o modelos gráficos, para obtener más datos sobre puntos de salida buenos.

Aparte de Fibonacci, siempre es buena idea que dividas tu posición en dos o tres partes. No tienes que poner esas dos o tres posiciones al mismo tiempo, pero en su lugar puedes optar por 'crecer en' toda la posición. La idea es que abras una segunda, y posiblemente una tercera posición cuando el precio continúe moviéndose en tu dirección. Esto evitará que arriesgues demasiado antes de que la tendencia se confirme un poco más.

Otra ventaja de crecer en una posición es que también te permite crecer fuera de la posición. Por ejemplo, puedes poner diferentes puntos de salida, con *profit targets* que sean cada vez más ambiciosas. Los consejos de los operadores profesionales con frecuencia incluyen la idea de los diversos puntos de salida, que en ocasiones se basan en los niveles de extensión de Fibonacci.

¿Por qué Fibonacci es importante en el comercio FX?

En parte, la respuesta a esta pregunta es bastante obvia. Como todos los demás mercados, son las personas las que impulsan el Forex. Incluso los modelos de operaciones automáticos que puedes construir o comprar se basan en suposiciones humanas. El factor humano se encuentra en todas partes y hay muchísimos operadores que conocen bastante bien los niveles de Fibonacci. Y tanto si crees en ellos como si no, ellos saben que otros operadores también los conocen, lo que aumenta su importancia.

Muchos operadores crecen en sus posiciones gradualmente, como hemos descrito con anterioridad, lo que de alguna manera representan los niveles Fib al 30% y 60% de la tendencia. Cuando los operadores crecen gradualmente en una operación, primero esperan hasta que el movimiento haya empezado y después ponen una posición relativamente pequeña (a la mitad, o a una tercera parte de la posición deseada por ejemplo) y después crecen hasta alcanzar una posición completa si el movimiento continúa. En combinación con múltiples *profit targets* and *stops*, los operadores corren menos riesgos a la vez que maximizan sus posibilidades de conseguir un beneficio decente.

Estrategias para operar en el mercado Forex

CAPÍTULO 15 OPERAR CON TENDENCIAS

El concepto de operar con tendencias es fácil de comprender y muy popular entre los operadores de Forex. Cualquiera puede detectar una buena tendencia en un gráfico (ante la ausencia de una tendencia clara, los precios *oscilan* por definición). Muchas estrategias de Forex se basan en las operaciones con tendencias, pero para aplicarlas con éxito se requiere de una sólida disciplina.

¿QUÉ ES UNA TENDENCIA?

En el mundo de las finanzas, una tendencia es una dirección que se ve claramente en la evolución del precio de un producto financiero (sea este un par de divisas, futuros, acciones, bonos, opciones u otros instrumentos financieros). Por ejemplo, échale un vistazo al siguiente gráfico, que representa la evolución del precio del petróleo. El gráfico muestra claramente las tendencias en el precio del petróleo. En primer lugar, el petróleo es impulsado hasta alcanzar un precio por encima de los 140 dólares por barril en una clara tendencia. Pero entonces tiene lugar una abrupta inversión de tendencia y el precio desciende considerablemente hasta un nivel por debajo de los 50 dólares el barril.[24]

Precio del petróleo 2007-2008 en USD

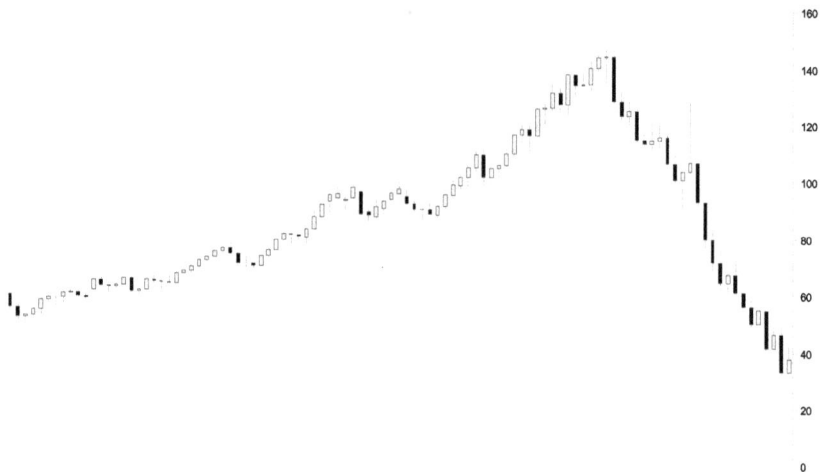

Durante una tendencia alcista, los precios continúan marcando unos máximos más elevados, mientras que en una tendencia bajista, siguen alcanzando unos mínimos más bajos. Naturalmente, hay retrocesos temporales en los precios,

---

24 La inversión de la tendencia en el precio del petróleo ya había empezado cuando, el 15 de septiembre de 2008, Lehaman Brothers se vino abajo y se declaró "oficialmente" el inicio de la crisis financiera mundial. Como resultado, la demanda del petróleo en el mundo se desplomó, al igual que lo hizo el precio del petróleo.

que es lo que se conoce como *correcciones*, pero la dirección general es clara. Un operador exitoso dijo una vez que él solía imprimir un gráfico, lo colocaba en la pared de su estudio y luego se sentaba y lo estudiaba a una distancia de un par de metros. Si podía detectar una tendencia clara en el gráfico, entraba en la operación; si no, no lo hacía. Puede que el método parezca algo rudimentario, sí, pero sin embargo es efectivo (aunque la parte negativa es que desde entonces ha tenido que empezar a usar gafas).

Según la mayoría de los analistas técnicos, los pares de divisas se mueven dentro de un ancho de banda relativamente pequeño durante el 70% y el 80% del tiempo. Esta es una de las razones por las cuales hay tantos operadores que usan las Bandas de Bollinger para sus realizar sus análisis técnicos, puesto que es un indicador muy útil a la hora de predecir patrones dentro de un determinado ancho de banda. Así pues, en realidad, los precios se mueven hacia los lados — oscilando— mucho más a menudo de lo que lo hacen en tendencia. Esto hace que operar con tendencias resulte difícil, pero también tiene potencial para ser muy beneficioso.

ESTRATEGIA PARA OPERAR CON TENDENCIAS

El objetivo de un operador de tendencias es simple: intentar entrar justo cuando la tendencia haya empezado y permanecer en ella hasta que la acción del precio cambie otra vez en una inversión de tendencia. Los operadores de tendencia parten de la hipótesis de que el precio se seguirá moviendo en la misma dirección en la que lo estaba haciendo cuando iniciaron la operación. Si esto fuera cierto, eso significaría que realmente había una tendencia y la operación se convertirá en un éxito. Si no, entonces es que aún no habría ninguna tendencia y el operador no debería haber entrado en la operación.

Esto sin duda parece simple (y básicamente lo es), pero también significa que, por definición, un operador de tendencias entra en muchas posiciones que se extinguen rápidamente, con lo que es expulsado fuera con pequeñas pérdidas.

Sí, puedes poner tus *stops* más lejos y experimentar cierres forzosos con menos frecuencia, pero esto sería a costa de consumir tu valor esperado por operación. El éxito de una buena estrategia de operación con tendencias a menudo depende de aceptar muchas pequeñas pérdidas a cambio de conseguir una gran operación ganadora. El operador de tendencias exitoso sabe esto y tiene la disciplina necesaria para soportarlo.

Un operador de tendencias que arriesgue 30 *pips* por posición para ganar 1.500 y que finalmente entre en una operación ganadora tras 15 intentos fallidos, pierde 15 x 30 *pips* y gana 1.500 *pips* con esa operación única fantástica. Así pues, perderá 450 *pips* pero ganará 1.500. Si deducimos una media de 3 *pips* en calidad de *spread* por cada operación, el operador todavía obtendrá un beneficio neto de 1.002 *pips* sobre 16 operaciones, o de 63 *pips* por operación. ¡No está nada mal!

Suena bien, ¿no? Aun así, esta clase de operación con tendencias no es para todo el mundo. El hecho de tener que iniciar 15 operaciones perdedoras sin saber con seguridad si la decimosexta será la buena y dará beneficios, puede resultar bastante frustrante. La tentación de creer que "esta tendencia va a empezar en cualquier momento" pondrá a prueba tu autocontrol emocional, e intentará persuadirte para que coloques tus *stops* cada vez más lejos, e incluso peor, podrías sentirte tentado a abandonarlo todo (después de todo, tú tienes la razón y "los demás" se equivocan). Ríndete si esto sucede y el cuento de hadas no terminará con "el chico/chica que ganó un millón de dólares operando", sino con el saldo de tu cuenta de Forex agotado.

Por estas razones, todo operador de Forex que esté planteándose especializarse como operador de tendencias, haría bien en empezar por mirarse directamente a los ojos (preferiblemente delante de un espejo) y preguntarse a sí mismo si podría asumir tener 10 operaciones perdedoras por cada una ganadora. Y tampoco te olvides de que también tendrás que resistir la tentación de retirar los fondos demasiado rápido en esa operación ganadora, porque eso supondría que te llevarías 300 *pips* de beneficio, cuando deberían haber sido 1.500.

Pero no te preocupes si operar con tendencias no es lo tuyo; hay muchas otras estrategias de operación con las que puedes tener mucho éxito.

CAPÍTULO 16 OPERAR EN RANGOS

Operar en rangos solo es interesante cuando los mercados están relativamente en calma. Imagínate un par de divisas que tenga una evolución en el precio que sea como un pequeño riachuelo, que deambula de un lado al otro con unos niveles claros de resistencia y soporte, y sin asentarse en una dirección clara. Como operador, puedes identificar esos niveles de soporte y resistencia y seleccionar unos puntos de activación para la operación, *stop losses* y *profit targets* en base a esos niveles. En síntesis, esto es operar en rangos.

EL MECANISMO BÁSICO DE LAS OPERACIONES EN RANGOS

Operar en rangos es colocar posiciones con la intención de obtener beneficios de los movimientos fluctuantes temporales de un producto financiero. Aunque nada puede superar a la sensación de estar en el lado correcto de una posición cuando el precio explota en la estrategia de ruptura —y el beneficio por operación de las operaciones en rangos es a menudo mucho menos espectacular—, tus probabilidades de tener éxito son mucho mayores con las operaciones en rangos. Échale un vistazo al siguiente gráfico para comprender rápidamente en qué consisten las operaciones en rangos.

Este es un gráfico de velas del EUR/CHF, uno de los pares que tradicionalmente gozan de la predilección de los operadores en rangos, porque la acción de su precio es a menudo lateral (una excepción muy notable tuvo lugar en 2011, cuando el franco atrajo a muchos inversores que buscaban un refugio seguro después de que los problemas comenzaran a rodear a la eurozona. Esto impulsó al franco aún más arriba frente al euro, hasta que el Banco Nacional Suizo decidió intervenir en el mercado Forex).

A pesar de ese ejemplo, el rango habitual del franco suizo guarda una estrecha relación con el hecho de que la economía suiza depende mucho de la eurozona (casi todas las exportaciones de Suiza van a la eurozona). Algo que no sorprende, debido a que Suiza se encuentra rodeada de países de la UE. Esta dependencia normalmente garantiza una relación muy estable entre las dos economías y sus divisas

Range trading EUR/CHF 2004-2005

El gráfico diario del EUR/CHF normalmente muestra un canal claro. Una vez que hayas identificado este canal, la colocación de una operación después de que se haya producido el rebote desde un nivel de resistencia/soporte, tiene bastantes posibilidades de éxito.

Las operaciones en rangos pueden funcionar igual de bien en el mercado de futuros. Mira el siguiente gráfico diario del índice S&P 500 que va desde enero hasta julio de 2011.

Rango dividido S&P 500 enero-julio 2011

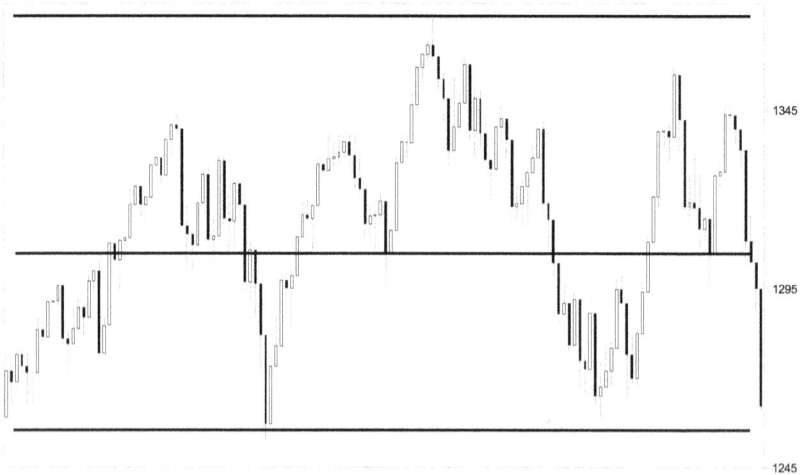

Aunque el rango que se sitúa entre las líneas horizontales se rompe un par de veces, los operadores tienen la relativa seguridad de que, cuando el precio se encuentre dentro del rango, el movimiento —hacia arriba o hacia abajo—, se completará.

CÓMO RECONOCER UNA POSIBLE OPERACIÓN EN RANGO

Solo puedes detectar si un par de divisas se mueve en un rango después de que esto se haya estado produciendo durante un tiempo, porque primero se tienen que formar los niveles de soporte y resistencia. Sin embargo, hay un par de trucos que te pueden ayudar a reconocer más rápidamente el movimiento en rangos.

1. Tras un periodo de volatilidad, hay muchas posibilidades de que se restablezca un movimiento en rangos. Los pares de divisas a menudo empiezan a moverse en rangos tras un periodo de volatilidad debido a la división de los operadores con respecto a la dirección que va a tomar el par. Todas las posibilidades están abiertas. ¿Seguirá el precio en la dirección de la ruptura o, por el contrario, retrocederá hacia el nivel original que tenía antes de la ruptura? En un gráfico de velas esto se puede ver con frecuencia a través de lo que se conoce como *patrón Bandera*. Mira el siguiente gráfico para ver un ejemplo de *patrón Bandera* del USD/CAD.

USD/CAD

2. Los movimientos en rangos son más comunes en pares de divisas con pequeñas diferencias con respecto a sus tipos de cambio, que son establecidos por los bancos centrales de sus respectivos países. Esto es lo contrario de lo que ocurre con el *carry trade* (ver capítulo 20), donde el operador busca pares de divisas con una gran diferencia en el tipo de

cambio entre las divisas base.

3. Cuanto mayor sea la relación de interdependencia entre las economías que subyacen a las divisas de un determinado par, más grandes serán las posibilidades de que la acción del precio de dicho par de divisas se mueva en rangos. Por ejemplo, piensa en el EUR/CHF y que la mayor parte de las exportaciones de Suiza van a parar a la eurozona.

4. Estudia periodos anteriores de un par de divisas en un gráfico. ¿Ha habido mucho movimiento en rangos? Y si así ha sido, ¿cuál ha sido el ancho de banda del movimiento en rangos? Esta clase de información te puede ayudar a estimar rápidamente si se está formando o no un nuevo rango para el par de divisas.

CÓMO CONFIGURAR UNA ESTRATEGIA PARA OPERA EN RANGOS

Para poner en marcha una estrategia para opera en rangos que tenga éxito tienes que seguir dos pasos:

Identifica el rango

Puedes utilizar varios métodos para identificar un movimiento en rangos, pero el más sencillo consiste simplemente en utilizar las Bandas de Bollinger y tu sentido común. Consigue el gráfico del periodo de tiempo en el cual tienes planeado operar y busca los niveles de soporte y resistencia. Si el precio ha rebotado desde un nivel de resistencia y soporte por lo menos una vez, se puede estar formando un movimiento en rangos.

Identificar el punto de entrada para la operación (también conocido como disparador o trigger)

Un buen punto de entrada para una operación en rangos es la primera vela que reintroduce al precio dentro del canal otra vez, después de que lo haya roto antes. Si el precio vuelve a romper el mismo nivel de resistencia/soporte otra vez después de que hayas puesto la posición, la *stop loss* te expulsará de la operación. Cuando formules una configuración para una operación en rangos, tu trabajo consistirá en encontrar un punto de entrada donde tengas luz verde para introducirte, en el cual tu riesgo de exposición sea mínimo y tus posibilidades para triunfar óptimas.

Coloca una stop loss y una profit target

Coloca tu *stop loss* un poco más allá del punto más alto/bajo que el precio alcanzó anteriormente, cuando rompió la resistencia o el soporte. Recuerda que partes de la hipótesis de que el precio va a empezar a moverse en rangos otra vez; si rompe ese nivel de soporte/resistencia nuevamente para alcanzar un máximo más alto/mínimo más bajo, entonces quedará demostrado que tu hipótesis era errónea y tendrás que salir de la operación.

Coloca tu *profit target* justo al pasar el nivel de soporte/resistencia en el otro lado del rango, hacia donde —si todo va bien— se dirige el precio. La hipótesis que se baraja aquí es la del que precio se moverá primero un poco más allá del nivel de soporte/resistencia, antes de retroceder hacia el interior del rango otra vez.

No vayas detrás de la ruptura una vez que se haya activado tu stop loss

Abrir una posición con vistas a operar en base a la supuesta ruptura que activó tu *stop loss* puede resultar muy tentador. En este caso la idea consistiría en que la activación de tu *stop loss* constituye una ruptura por definición. Esto es, evidentemente, absurdo, pero para algunos operadores el hecho de que su posición se cierre a la fuerza por lo que parece haber sido una ruptura explosiva es más de lo que pueden soportar. Y, por otra parte, podría parecer que la manera más rápida de recuperar el dinero que se ha perdido con la posición sería subiéndose al carro de una (posible) ruptura, pero también sería la más estúpida.

Aunque siempre existe la posibilidad de que el cierre forzoso se haya producido debido a una ruptura auténtica, en la mayoría de los casos si operas con una ruptura, que fácilmente se podría convertir en una *falsa* ruptura (de hecho, así será la mayoría de las veces), lo único que harás será agravar las pérdidas. Por lo tanto, una vez que hayas establecido una operación en rangos, lo mejor que puedes hacer es dar un paso atrás si se cierra a la fuerza y echar un vistazo otra vez para descubrir cuál será la evolución del precio más probable.

CAPÍTULO 17 *SCALPING*

El scalping[25] es una estrategia que consiste en mantener las posiciones abiertas solo durante un periodo de tiempo muy corto para recoger una gran cantidad de pequeñas ganancias. Esta puede ser una manera muy rentable de operar en el mercado Forex.

El tiempo durante el cual se mantiene abierta la posición varía entre dos segundos y dos minutos como mucho. Si se mantiene abierta durante más tiempo, ya no se puede hablar de *scalping*, sino operación intradiaria. El beneficio que se espera conseguir es de entre 1 y 5 *pips* en neto (es decir, lo que queda después de pagar el *spread*). Es posible crear una estrategia de *scalping* que aspire a alcanzar unos beneficios de entre 5 y 15 *pips* en neto, pero para esto suele ser necesario mantener la posición abierta por periodos de más de dos minutos.

NO ES UNA BUENA ESTRATEGIA PARA PRINCIPIANTES

Con frecuencia el *scalping* se lleva a cabo con un apalancamiento alto, porque solo vale la pena perseguir unos beneficios de 2 *pips,* cuando tales *pips* valen algo. Por ejemplo, si se trabaja con microlotes (en los cuales 1 *pip* vale alrededor de 10 céntimos), no resulta muy lucrativo desarrollar una estrategia en la que el beneficio medio neto por operación sea de 1 *pip*. Sin embargo, con los lotes estándar, en los cuales los *pips* valen alrededor de 10 dólares cada uno, puedes conseguir unos buenos ingresos de 1 *pip* por minuto.

Uno de los mayores errores que cometen los operadores principiantes es el de intentar maximizar sus beneficios a través de un uso del apalancamiento que se oponga a una firme gestión del riesgo (imagínate que depositas 200 dólares, operas con minilotes, en los cuales 1 *pip* = 1 dólar, y utilizas un apalancamiento de 500:1). Esta es una manera de ir a la quiebra como operador casi con toda seguridad. Debido a que el *scalping* solo se vuelve interesante cuando se opera con los lotes de mayor tamaño, los operadores principiantes —con capitales de operación de tamaño principiante— podrían acabar agotando su fondo rápidamente.

Otra razón por la cual esta estrategia no resulta adecuada para operadores principiantes es porque para poder ejecutarla correctamente, se necesita una gran dosis de disciplina y gestión del estrés. Una única operación en la cual el operador se deje llevar por las emociones podría terminar con los beneficios acumulados con cuidado durante todo un día, y un operador que vaya a mucha velocidad, podría incluso perder el beneficio de varios días.

---

25   El término *scalping* también se utiliza para una determinada y fraudulenta forma de manipular el mercado, además de para una legítima forma de arbitraje. Sin embargo, dentro del ámbito de este libro, el *scalping* se refiere a la estrategia de operaciones que pretende obtener beneficios de pequeños cambios en los precios en periodos de tiempo muy cortos.

Sí, puedes colocar *stop losses* para protegerte y no perder demasiado en una sola operación, pero a la mayoría de los *scalpers* no les gustan las *stops*, porque necesitan mucho tiempo para configurarlas. Normalmente tampoco utilizan *profit targets*. Esto se debe a que, aparte del tiempo que lleva configurarlas, evitan que el *scalper* se pueda aprovechar de los picos ocasionales de los precios o *spikes*, los cuales pueden impulsar el precio hasta un beneficio de dos dígitos en *pips* en una carrera corta. Por esa razón, los *scalpers* experimentados suelen utilizar un sistema automatizado, o bien tienen una vista rápida, están atentos para vigilar y tienen una mano firme con el ratón.

FUNCIONAMIENTO DEL SCALPING

En primer lugar, necesitas una estrategia de trabajo. La parte más importante de todas las estrategias de *scalping* es la gestión del riesgo. Una estrategia de *scalping* rentable solo arriesga una pequeña parte del capital total de operaciones y asegura las pequeñas ganancias con rapidez.

Un *scalping* exitoso significa arriesgar el 1% o el 2% de tu capital de operaciones como mucho, y nada más. Esto es así porque trabajar con pequeños márgenes de beneficio no permite que haya espacio para grandes pérdidas.

Un *scalper* que obtiene beneficios es aquel que desarrolla una estrategia de operaciones sólida de la que no se desvía. Esta es una de las razones por las cuales el *scalping* en el mercado Forex se lleva a cabo cada vez más con la ayuda de sistemas automatizados (también conocidos como robots de Forex, *expert advisors* o EAs). Operar de un modo automatizado elimina de un modo efectivo las emociones humanas y los inevitables pasos en falso a los que conducen.

¿Significa esto que los robots de Forex te van a hacer rico como *scalper*? No necesariamente, porque todavía tendrás que enseñarle al sistema automatizado los parámetros que debe seguir, y para ser capaz de esto, tendrás que saber bien lo que estás haciendo.

¿ES EL SCALPING EL SANTO GRIAL?

No, no existe ningún Santo Grial de las operaciones, así de simple. Cuanto antes lo asimiles, antes podrás empezar a desarrollar tu propia estrategia de operaciones para conseguir beneficios. Pero antes de que empieces a trabajar en una estrategia basada en el *scalping*, tendrás que familiarizarte a fondo con otros aspectos secundarios de la misma, como la gestión del dinero, el riesgo y la disciplina a la hora de operar.

Aunque el *scalping* suele ser un asesino de principiantes, puede resultar muy beneficioso para operadores experimentados que estén dispuestos a dedicar el tiempo y el esfuerzo necesarios para configurar un buen sistema.

CAPÍTULO 18 LA OPERACIONES DE RUPTURAS

Las estrategias de operación de rupturas (*breakouts*) se basan en entrar al mercado cuando los precios hayan roto los niveles de resistencia/soporte. Hay muchas estrategias de ruptura diferentes y se utilizan en todos los mercados financieros.

Las estrategias de ruptura son especialmente populares entre los operadores de Forex principiantes porque son sencillas de comprender y de ejecutar. La idea básica consiste en entrar en el mercado tan pronto como un precio rompa el canal y empiece a operar fuera de él. Un indicador técnico que se utiliza con frecuencia para detectar las rupturas son las Bandas de Bollinger. Cuando el precio rompe por encima la Banda de Bollinger superior o inferior, se entiende que aumentan las probabilidades de que haya una ruptura.

En su forma más sencilla, la estrategia de ruptura acarrea poner una orden de compra pendiente (*buy stop*) o una orden de venta pendiente (*sell stop*), bien sobre la resistencia o bien bajo el nivel de soporte. Una orden de compra pendiente es una orden para una posición larga que solo se cumple una vez que se haya alcanzado cierto precio. Una orden de venta pendiente funciona de la misma manera, pero en este caso abre una posición corta cuando se alcanza cierto precio.

EJEMPLO DE ESTRATEGIA DE RUPTURA

Vamos a suponer que el par de divisas EUR/USD se haya estado moviendo en un rango entre 1,4300 y 1,4500 durante los últimos días. Se ha demostrado que 1,4500 es un nivel de resistencia importante, así como 1,4300 lo es de soporte. El operador entonces coloca una orden de compra pendiente a los 1,4510 dólares y una orden de venta a los 1,4290. Esto significa que si el precio rompe los 1,4500 y toca los 1,4510, se abrirá una posición larga que rentabilizará la ruptura alcista de un modo óptimo. De la misma manera, si el precio rompe los 1,4300 y toca los 1,4290, se abrirá una posición corta.

—> Precio del petróleo 2007-2008 en USD

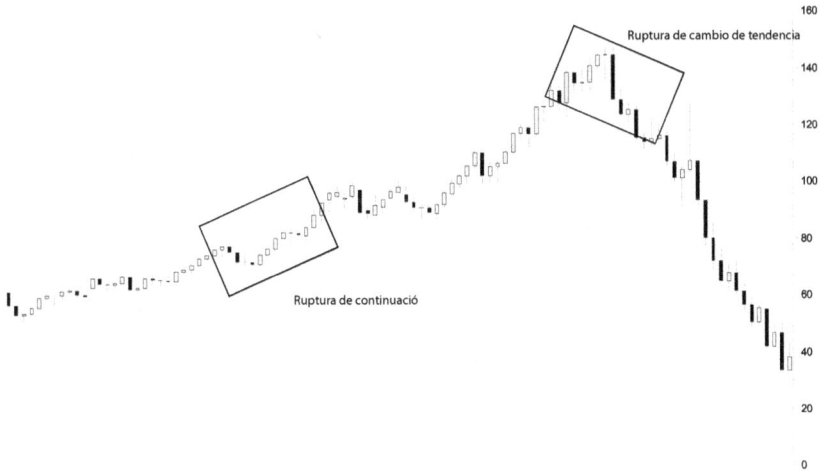

Ruptura de cambio de tendencia

Ruptura de continuació

DIFERENTES TIPOS DE RUPTURAS

Básicamente hay dos tipos de rupturas: la ruptura de continuación (*continuation breakout*) y la de cambio de tendencia (*reversal breakout*).

Ruptura de continuación: Se dice que una ruptura es de continuación cuando el precio continúa moviéndose en la dirección en la cual se estaba moviendo antes de un periodo de consolidación. Piensa en un rango de precio temporal, en el que los compradores y los vendedores cierren sus posiciones e intenten predecir en qué dirección se va a mover el precio. El gráfico del precio del petróleo anterior muestra un ejemplo de ruptura de continuación.

Ruptura de cambio de tendencia: Una ruptura de cambio de tendencia supone el inicio de una inversión de tendencia real. En otras palabras, la evolución del precio rompe con la tendencia anterior y comienza a dirigirse en la dirección opuesta. Esto suele originarse debido a un cambio en los fundamentos. Échale un vistazo al gráfico del petróleo también para ver un ejemplo de ruptura de cambio de tendencia.

Como es obvio, la ruptura de cambio de tendencia es más inusual que la de continuación, simplemente porque los propios cambios de tendencia son mucho menos habituales que la continuidad de una tendencia que ya existía tras un (normalmente corto) periodo de consolidación.

Hay toda clase de estrategias de ruptura, tanto para el operador intradiario, como para el operador de Forex a largo plazo que inicia posiciones para semanas, meses e incluso años.

La característica más importante de una estrategia de ruptura es que el par de divisas tiene que abandonar el canal por el que se había estado moviendo. Para determinar el rango del canal, mira sus niveles de resistencia y soporte. Hay varias maneras de comprender mejor los niveles de resistencia y soporte, y la más sencilla está al alcance de todos.

Por ejemplo, toma un gráfico de velas de 10 minutos del EUR/USD (en el que cada vela represente 10 minutos). Ahora analiza el máximo y el mínimo de un periodo de alrededor de 20 o 30 velas y determina si han podido ser alcanzados (pero no rotos) más de una vez. Si la respuesta es que sí, entonces se podría decir que los niveles de soporte y resistencia a corto plazo están formados por esos respectivos máximo y mínimo. Si se rompe este máximo, o bien el mínimo,

fading de la ruptura EUR/CHF

Desvanecimiento de la ruptura

1,56

1,54

1,52

1,5

entonces habría una ruptura.

El elemento esencial de toda estrategia de ruptura consiste en entrar en el mercado cuando el precio rompa cierto nivel de resistencia o de soporte, por ejemplo cuando se salga fuera de su canal 'normal' (recuerda las Bandas de Bollinger). Las rupturas de este tipo pueden ser el principio de unas operaciones muy lucrativas.

Así pues, ¿por qué las estrategias de ruptura tampoco son el Santo Grial de los sistemas de operaciones? La respuesta es obvia: porque no todas las rupturas continúan. De hecho, la mayoría no lo hacen. Las llamadas 'falsas rupturas' rompen los niveles de resistencia y soporte, pero no pueden mantener el impulso; no pueden imponerse y establecer una ruptura duradera (algunos operadores dicen que una ruptura es tal, siempre y cuando el precio traspase una barrera de resistencia/soporte, pero la mayoría de los operadores distinguen entre las *rupturas técnicas* y las *rupturas sostenidas*).

Por ejemplo, cuando el EUR/USD ha sido incapaz de romper los 1,4448 en dos intentos sucesivos, pero la tercera vez hay un breve pico que lo impulsa hasta los 1,4451, ¿significa esto que la resistencia se ha roto? Técnicamente sí, pero la mayor parte del tiempo la resistencia entrará en acción y empujará el precio hacia atrás, porque muchos operadores abren posiciones contra la ruptura tan pronto como se rompe la resistencia o el soporte. Las estrategias que se basan en esto se llaman de desvanecimiento o *fading*, porque especulan en contra de la dirección de la ruptura.

COMPROBAR UNA RUPTURA

Como es natural, no querrás abrir una posición que supuestamente se vaya a beneficiar de una ruptura, si hay muchas posibilidades de que se trate de una falsa ruptura. Para reducir al mínimo esta posibilidad, comprueba primero si la ruptura es real. Los dos métodos que se utilizan con más frecuencia son los niveles de resistencia/soporte secundarios y el cambio de roles, que vamos a analizar ahora.

1. **Niveles de resistencia/soporte secundarios.** En esencia, esto no es otra cosa que seleccionar una segunda línea de defensa que tenga que romper el precio, antes de que la ruptura del primer nivel se pueda considerar un éxito. Para hacer esto, estudia los gráficos que utilizas para tu estrategia de operación. Por ejemplo, si eres un operador intradiario que raramente mantiene las operaciones abiertas durante más de una hora o dos, probablemente solo consultes los gráficos de velas de 5 minutos. Para una operación intradiaria en el EUR/USD, la ruptura de una segunda línea de defensa de alrededor de 15 *pips* más allá del nivel de resistencia/soporte, constituye una señal de que la ruptura puede durar un poco más.

2. **Role Reversal.** Esto consiste en la transformación de una resistencia rota en un soporte (así como de un soporte roto en una resistencia). La idea es tan sencilla como elegante. Cuando el precio traspasa una cierta resistencia, esa resistencia pasa a convertirse automáticamente en un nuevo soporte. Si el precio retrocede pero no rompe el nuevo soporte, eso es una señal de que la ruptura es real, porque el precio no ha regresado al canal en el que estaba antes de la ruptura. Con mucha frecuencia se da el caso de que el precio pivote alrededor de los nuevos niveles de soporte/resistencia que se han establecido, pero en todas las ocasiones se da un rebote (es decir, que el precio toca, o casi toca el límite, pero no lo rompe). Es una fuerte señal de que el nuevo nivel de soporte/resistencia está funcionando y de que la ruptura es real.

CAPÍTULO 19 DESVANECIMIENTO O *FADING* DE LA RUPTURA

Algunos operadores colocan sus mejores posiciones cuando la ruptura de un par de divisas no se puede sostener por sí misma. Las estrategias de operación que se basan en las rupturas falsas (también conocidas como *fakeouts*) apuestan en contra de la ruptura.

EJEMPLO DE DESVANECIMIENTO DE LA RUPTURA

El ejemplo más sencillo de una estrategia de desvanecimiento de la ruptura es abrir una posición en el momento en el que precio retroceda por debajo de la antigua resistencia o sobre el soporte anterior (después de una ruptura previa).

Échale un vistazo al gráfico del EUR/CHF. Al principio, el precio rompe su resistencia claramente. Lo había hecho antes, pero no con tanta fuerza.

A continuación, el operador que quiere que la ruptura desaparezca, espera. Si la ruptura continua, entonces habrá tenido mala suerte, o en todo caso, no se activará su configuración, por lo que no abrirá una posición. Sin embargo, si el precio vuelve a descender por debajo de la línea de resistencia anterior (la cual es, de un modo efectivo, el nuevo soporte), entonces abrirá una posición.

Si se da el caso, el precio del ejemplo anterior retrocedería de verdad y se abriría la posición. Tras un breve impulso hacia arriba, el precio descendería de nuevo, esta vez muy por debajo de la línea de resistencia y el operador de desvanecimiento de la ruptura obtendría un buen beneficio.

ESTRATEGIA DE OPERACIONES A CORTO PLAZO

La estrategia de desvanecimiento de la ruptura es generalmente más efectiva como estrategia de operaciones a corto plazo. También puede funcionar como estrategia a largo plazo, pero las rupturas de los precios en los gráficos de una semana son mucho más significativas que las que tienen lugar en un gráfico de 15 minutos.

La mayoría de las rupturas fracasan. Esto es comprensible, porque intentan romper unos niveles de resistencia y soporte que han sido identificados como tales por alguna razón. Los alcistas o los bajistas (dependiendo de si se trata de un soporte o de una resistencia respectivamente), han tenido problemas para romper estos niveles por lo menos una vez con anterioridad, o quizás ocurra que representen importantes barreras psicológicas, como la barrera de los 1,400 o los 1,500 para el EUR/USD.

Lo más interesante acerca de las estrategias de desvanecimiento de ruptura, es que estas en esencia se suben al carro de una hipótesis que se ha sido confirmada hace poco; para ser más concretos, la de que cierto nivel de resistencia/soporte ha vuelto a ser fuerte otra vez. Mientras que una ruptura real solo queda confirmada de verdad tras haber estado en marcha durante un tiempo, una ruptura falsa puede ser determinada con bastante certeza cuando la resistencia o el soporte en cuestión resulten ser demasiado fuertes.

Las rupturas reales pueden ser muy lucrativas. Este hecho, más la lógica tan simple que encierran, hacen que las operaciones de rupturas sean muy populares entre los operadores principiantes. Sin embargo, los operadores más experimentados suelen preferir la estrategia del desvanecimiento de la ruptura porque ofrece unas señales de entrada más claras y porque estadísticamente tiene mayores posibilidades de éxito.

CAPÍTULO 20 EL *CARRY TRADE*

El *carry trade* es una estrategia que implica la venta de un producto financiero que tenga un interés bajo y la compra de un producto financiero que tenga un interés mayor. Aunque tienes que pagar el interés del producto que vendas, recibes el interés del producto con el interés mayor.

En tiempos de estabilidad económica, el *carry trade* resulta muy popular en el mercado Forex. Todo esto se debe al elevado apalancamiento y al pago diario de los intereses (lo que se conoce como tasas de *rollover* o de renegociación) que son comunes[26] en el comercio de divisas.

La razón por la cual la estabilidad económica es importante para el *carry trade*, radica en que no te interesa que haya mucha acción en las divisas en las que tienes posiciones. Las posiciones *carry trade* en el mercado de divisas se organizan ante todo para obtener beneficios de las diferencias entre los tipos de interés, no de la evolución en el precio de la propia divisa (aunque, naturalmente, estos beneficios también son bienvenidos), porque si el precio se mueve en tu contra, esto eliminaría todas las ventajas del *carry trade*. Por tanto, lo que buscas es evitar cualquier tipo de sorpresas que puedan afectar —y probablemente invertir— a la gran tendencia.

FUNCIONAMIENTO DEL *CARRY* TRADE

En el comercio de divisas, el *carry trade* consiste en la venta de una divisa que tenga un interés bajo y en la compra de una divisa que tenga un interés alto. *Pagas* el interés de la divisa que tiene un interés bajo y *recibes* el interés de la divisa que tiene un interés algo. La diferencia entre el interés alto y el bajo es lo que se conoce como *diferencial positivo*.

La mayoría —pero no todos— los brókers cargan y pagan intereses sobre las posiciones que permanecen abiertas al final del día. El bróker cierra y reabre la posición, y abona o carga la diferencia en los tipos de interés a un día que hay entre las dos divisas que forman parte de la posición. Estos son los costes por extender ('carrying') la posición al día siguiente. Esto también se conoce como renegociación o *rollover*, siendo el tipo de interés a un día la tasa de renegociación.

Nota: Con una posición corta de 10.000 unidades en el GBP/USD, **pagarías** un interés por 'prestar' —recuerda que es una posición corta— 10.000 libras esterlinas, y **recibirías** un interés por la compra de 10.000 libras esterlinas en dólares estadounidenses. Si el tipo de cambio británico es superior al

---

26   No todos los brókers de Forex pagan o cargan tasas de renegociación por las posiciones que se mantienen abiertas durante más de 24 horas. Pregúntale a tu bróker sobre esto si estás interesado en el *carry trade* y/o quieres mantener tus posiciones abiertas durante más de 24 horas.

estadounidense, entonces el diferencial sería negativo. Pero si el tipo de interés de la libra es el más bajo, el diferencial sería positivo. Así pues, cuando mantengas una posición abierta que venda una divisa con un interés alto y compres una divisa con un interés bajo, tendrás que pagar un interés. Si sucede lo contrario, recibirás un interés.

El truco consiste en que, como trabajar con un apalancamiento alto es común en el mercado Forex, puedes obtener el beneficio de un interés alto sobre un capital que no tienes que poner sobre la mesa para abrir una posición. Por ejemplo, con un apalancamiento de 400:1, puedes abrir una posición en el GBP/USD de 10.000 unidades con una cantidad tan pequeña como 25 dólares.

EJEMPLO DE *CARRY TRADE*

Vamos a trabajar con un apalancamiento de 100:1. Muchos brókers ofrecen un apalancamiento de 400:1 o incluso de 500:1, pero ten en cuenta que el apalancamiento también puede trabajar en tu contra; es una gran espada de doble filo.

Un *carry trade* popular en el mercado de Forex es que involucra al yen japonés. El banco central de Japón (Banco de Japón, BdJ) ha mantenido el tipo de interés en mínimos históricos desde mediados de la década de los noventa, para ganar tiempo ante el ascenso del yen y para estimular a la industria exportadora (que necesita desesperadamente que el yen sea barato para seguir siendo competitiva en el exterior).

Por tanto, los operadores que desean organizar una *carry trade*, con frecuencia venden el yen —con un tipo de interés del 0,10%— y compran el dólar australiano, que tiene un tipo de interés del 3,75%. Esa diferencia en el tipo de interés del 3,65% es el diferencial positivo.

Supongamos que quieres poner 1.000 dólares en este *carry trade* con un apalancamiento del 100:1. Esto significa que con tus 1.000 dólares puedes controlar 100.000 dólares en divisas. Vamos a decir que quieres mantener esta posición abierta durante un año. Para ser claros, tú no estás comprando esta posición para especular en el AUD/JPY de per se, sino para obtener un retorno sobre la inversión, o ROI elevado (tus 1.000 dólares) al obtener un beneficio de la diferencia en el tipo de interés entre el yen japonés y el dólar australiano.

Pueden ocurrir tres cosas:

1. **El valor de la posición declina.** El maldito yen continúa subiendo y subiendo, lo cual es algo que a los japoneses les va a gustar tan poco como a ti. Después de un tiempo esto activa tu *stop loss*, lo que te expulsaría de la operación antes de que le puedas decir *sayonara* a tus 1.000 dólares (hacerse el *harakiri* según el ritual es opcional).

2. **No ocurre gran cosa con el valor del AUD/JPY.** Sube un poco más, baja un poco más, pero al final del año el tipo es prácticamente el mismo que el que era cuando abriste la posición. Esta es una posibilidad bastante factible, especialmente cuando trabajas con una *stop loss* de 1.000 *pips*. En este caso, no habrías hecho nada con la posición, pero los 1.000 dólares te darían un rendimiento de un 3,65% de interés sobre 100.000 dólares, lo que equivale a un 365% de interés sobre los 1.000 dólares que has puesto en realidad. ¡No está nada mal!

3. **La posición aumenta de valor.** Evidentemente, este es el mejor escenario posible. Quizás se deba a que el banco central japonés haya decidido descargar el sistema monetario japonés con más dinero barato o con amenazas de hacerlo, y esto empujó hacia abajo al yen. En todo caso, habrás obtenido un interés de un 365% sobre tus 1.000 dólares, a lo que hay que sumar la cantidad de *pips* que tu posición haya aumentado de valor. ¡Fantástico!

CÓMO DETECTAR UNA BUENA *CARRY TRADE*

Hay dos cosas importantes a la hora de detectar una buena *carry trade*. En primer lugar, tienes que encontrar dos divisas con una gran diferencia en sus tipos de interés. En segundo lugar, el par de divisas debe avanzar claramente en la dirección que necesitas para el *carry trade*, lo que significa que la divisa con el interés más alto tiene que ir al alza.

Échale un vistazo al gráfico diario del AUD/JPY y recuerda que la diferencia en el tipo de interés entre el dólar australiano y el yen es de un 3,65% a favor del dólar australiano. El dólar australiano lleva en una clara tendencia alcista desde principios de 2009, lo que lo convierte en la divisa ideal para un *carry trade* con el AUD como la moneda a comprar.

AUD/JPY 2009-2011

RESUMEN DEL *CARRY TRADE*

El *carry trade* puede ser una estrategia muy lucrativa si se dan las circunstancias correctas. Las condiciones más importantes que debe cumplir un buen *carry trade* son:

1. Un mercado económico estable en el que la relación entre las dos divisas implicadas sea relativamente clara.
2. Una diferencia considerable entre los tipos de interés de ambas divisas, preferiblemente de más del 3%.
3. Que la divisa que se vaya a comprar (la que tiene el tipo de interés más alto) se encuentra en una larga y clara tendencia alcista.

Invierte solo una pequeña parte tu capital de operaciones en *carry trades*, no más de un dos por ciento. Sin embargo, puede ser algo más de lo que pongas para una operación a corto plazo, porque si quieres mantener la posición abierta durante un periodo de tiempo más largo, necesitas darle un poco de espacio.

CAPÍTULO 21 OPERAR CON LAS NOTICIAS

El mercado Forex se encuentra más dominado por los operadores (intra)diarios que ningún otro mercado financiero. Muchas operaciones se abren y se cierran dentro de una sesión de operaciones. Debido a que en el mercado Forex hay muchos operadores muy activos, las noticias (económicas) importantes e inesperadas pueden hacer que el mercado gire de un modo brusco con facilidad.

Un ejemplo muy conocido es la publicación mensual de las cifras de empleo de Estados Unidos, que también se conocen como *cifras de empleo no agrícola*. La evolución del precio de los pares de divisas mayores (los cinco pares de divisas más importantes, todos los cuales incluyen al dólar estadounidense) puede ser muy volátil justo antes —y especialmente justo después— de la publicación de estas cifras.

Operar con noticias económicas importantes como estas puede resultar emocionante, divertido y potencialmente muy rentable, pero también se pueden traducir en pérdidas con facilidad si el asunto se trata con ligereza.

CÓMO OPERAR CON LAS NOTICIAS

Las noticias económicas importantes a veces tienen un impacto a largo plazo en la evolución del precio de un par de divisas, incluso pueden ser el catalizador de una inversión de tendencia en la vida real, pero en la mayoría de los casos el efecto directo y palpable de los eventos de las noticias económicas tiene un tiempo de vida muy limitado, de unos 60 o 90 minutos. Después de eso, los precios suelen retroceder lentamente hacia el nivel en el que se estaban comerciando antes de que se publicara la noticia.

¿Significa esto que las noticias importantes normalmente no tienen ningún efecto después de esos 90 minutos? No, pero el impacto directo en el mercado Forex disminuirá tras ese tiempo. Después de todo, no será más que uno de los muchos factores que los operadores tengan en cuenta a la hora de decidir si van a entrar o salir del mercado.

Operar con las noticias

Punto de entrada

1345

Einstiegspunkt

1295

5 Gráficos de 5 minutos

Debido a que nos vamos a centrar en una ventana temporal de 90 minutos, y por tanto nuestra operación tendrá un periodo de vida muy breve, utilizaremos los gráficos de velas de 5 minutos del par de divisas en el que nos vayamos a enfocar. Entonces buscaremos una señal clara dentro de ese periodo de tiempo justo después de que se haya publicado la noticia.

Diferencia entre las cifras reales y las esperadas

Con frecuencia, cuanto más difieran los números reales de lo que se esperaba, más extrema será la reacción del mercado. Sin duda esto tiene sentido. Si se espera que la cifra de empleo no agrícola tenga un incremento de 100.000, para cuando dicha estimación se confirme, una buena parte la noticia ya habrá sido 'descontada'. Esto reduce las oportunidades de que haya una gran reacción al evento informativo.

Qué dirección no es importante

Aunque la dirección de la evolución del precio podría parecer obvia teniendo en cuenta el resultado del evento informativo, las cosas no siempre se desarrollan de esta manera. Por lo tanto, no debes apostar por ello excesivamente. Pensar que el dólar estadounidense se va a fortalecer si las cifras de empleo no agrícola aumentan mucho más de lo previsto de un modo inesperado, podría parecer lo más lógico, pero no hay ninguna garantía de que lo haga. Sí, unas cifras de empleo al alza son buenas para la economía, lo que a su vez es bueno para el dólar. Sin embargo, los operadores pueden estar preocupados por la alta deuda nacional de Estados Unidos, lo que provocaría que la reacción ante la sorpresa por las cifras de empleo no agrícola positivas fuera poco entusiasta. A continuación, esa tibia reacción podría hacer que los operadores se dieran cuenta de que el riesgo de que el dólar tenga problemas es mayor que su ventaja potencial, lo que haría que todos vayan en corto con el dólar. Resultado: el dólar cae a pesar de las buenas cifras de empleo.

Una dirección clara ES importante

En última instancia a ti, como operador, no te importa si los precios suben o bajan, siempre y cuando tú estés en el lado correcto de la operación. Por tanto, lo que nosotros estamos buscando es no es una reacción lógica ante la notica, sino una clara.

Échale un vistazo al gráfico de velas de 5 minutos del EUR/USD en el momento en que se publiquen unas cifras de empleo no agrícola. Después de que se hayan publicado las cifras, espera a que se cierren las dos primeras velas. Entra en el mercado solo cuando ambas se hayan cerrado en la misma dirección.

Stops ajustadas

Teniendo en cuenta que estamos buscando una dirección clara, podemos utilizar unas *stops* ajustadas. Si el precio retrocede, podemos experimentar un cierre forzoso rápidamente; y aunque esto es obviamente una lástima, también limita nuestra exposición. La configuración se basa en la suposición de que el precio va a evolucionar en una dirección clara como resultado de la noticia (como hemos indicado anteriormente, **qué** dirección es irrelevante). Cuando la dirección del precio resulta ser poco clara, es mejor abandonar la operación.

Las paradas de arrastre o trailing stops

La idea en la que se basan este tipo de operaciones consiste en aprovechar al máximo el rally temporal, pero como es difícil predecir hasta cuándo va a continuar, colocar una *profit target* no sería lo más aconsejable.

Como hemos dicho, al comenzar ponemos la *stop* cerca del punto de entrada, pero así como la operación se empiece a mover en nuestra dirección, es recomendable que aseguremos al menos una parte del beneficio. Básicamente hay dos maneras de hacer esto, una sería utilizar una parada de arrastre y la otra mover tu *stop* manualmente. Una parada de arrastre es una *stop* que se mueve automáticamente con la posición, a una distancia predeterminada (por ejemplo, algo así como 30 *pips*). Entonces, si el precio se mueve 30 *pips* en tu dirección, la *stop* moverá automáticamente tu punto de interrupción. Así, si se presenta un gran rally, la parada de arrastre te permitirá aprovecharte de la coyuntura hasta el final, sin que te expulse una *profit target*, ni que te arriesgues a perderlo todo si el precio retrocede eventualmente. Naturalmente, también puedes optar por mover tu *stop* manualmente, pero eso introduciría un elemento psicológico en la operación que no todo el mundo puede gestionar (¿eres capaz realmente de mantener la frialdad cuando te enfrentas a la codicia y el miedo?).

Resumen

Operar con las noticias puede proporcionarnos beneficios rápidamente, pero también es susceptible de acarrear riesgos. Por lo tanto, es importante que esperes a que haya una dirección clara (tango si es hacia arriba como hacia abajo es irrelevante) y que coloques unas *stops* ajustadas para reducir tu exposición al riesgo. No pongas una *profit target* y deja que tus *stops* se muevan con la posición—preferentemente a través de una parada de arrastre— si la operación va como tú quieres.

Cómo convertirse en un operador de Forex de éxito

Conocer lo que mueve al mercado Forex es importante, así como lo es tener una buena estrategia de operaciones, pero aun así estas no son las condiciones más importantes que necesitas para tener éxito como operador de Forex. Comerciar en un mercado financiero (o, para ser más exactos, especular) significa ante todo jugar un juego psicológico contra ti mismo y, solo de un modo secundario, contra los demás (es decir, "el mercado").

El mercado de divisas es el Salvaje Oeste del mundo financiero. Hay algunas reglas, muchos jugadores (tanto grandes como pequeños), riquezas por tomar, numerosos riesgos, ganadores, perdedores y un amplio abanico de dinámicas impredecibles. El gran crecimiento del mercado Forex en la actualidad probablemente se parezca a lo que ocurrió con la fiebre del oro que se dio a principios del siglo pasado, cuanto todo el mundo y su abuela se dirigieron hacia la montaña a la búsqueda de su momento "Sierra Madre".

Muchos de estos buscadores de oro (y sus abuelas) vieron como su aventura terminaba en una decepción. ¿Por qué? Porque carecían de uno o de varios de los ingredientes necesarios: preparación, la voluntad para trabajar duro, resistencia, disciplina, autoconocimiento y (un poquito) de suerte.

CAPÍTULO 22 ¿QUÉ TIPO DE OPERACIÓN ES APROPIADA PARA TI?

METAS

Todo proyecto empieza con la formulación de unas metas, objetivos y aspiraciones. Este proceso es una meta en sí mismo, porque te obliga a pensar en las posibilidades y limitaciones del proyecto, según el tiempo o el dinero que seas capaz, o que estés dispuesto a comprometer. En base a estas inversiones tendrás que idear una estrategia que te permita alcanzar tus metas.

Tus metas tienen que ser ante todo realistas. Suena lógico, lo sé, pero las tentaciones que surgen del entusiasmo y la inexperiencia pueden ser fuertes y persuasivas. Este es un dúo que con frecuencia promete ollas de oro incluso antes que el arcoíris haya aparecido. Así pues, aunque tu entusiasmo sea grande, no dejes que te ciegue.

Una de las metas más obvias en lo que se refiere a operar en el mercado es la financiera, que hay que combinar con un plazo en concreto. Para ser capaz de elaborar una estimación realista, debes examinar seriamente los siguientes parámetros:

El tiempo

¿Cuánto tiempo puedes comprometerte a operar en el mercado Forex? ¿Tienes un trabajo exigente que solo te deja una media hora al principio o al final del día para estudiar los mercados y abrir o cerrar posiciones? Entonces las operaciones intradiarias no son para ti. Pero si eres un estudiante, posiblemente podrás dedicarle un par de horas al día a hacerte rico en el mercado Forex antes de que te gradúes y tengas que empezar a buscarte un trabajo.

El estudio

Aumentar tus conocimientos sobre el comercio en el mercado de divisas requiere de tiempo. Sin embargo, vale la pena, porque cuanto más sepas, más herramientas tendrás para perfeccionar tu sistema de operaciones. En un momento dado, podrías descubrir que los niveles de Fibonacci funcionan para ti, con lo que te vendría bien leer un par de libros que te enseñaran a utilizar las extensiones Fib con más éxito. O bien podrías descubrir que operar en rangos te viene bien como método alternativo para operar, por ejemplo como complemento a las operaciones de tendencias que habías estado llevando a cabo desde el principio. Así pues, añadir las operaciones en rangos a tu repertorio te dará la posibilidad de colocar posiciones rentables más a menudo, simplemente porque el mercado se mueve en rangos con más frecuencia de lo que lo hace en tendencias.

Dicho de un modo simple, cuanto más tiempo libre dejes para aprender a operar, más rápidamente evolucionarás como operador, porque podrás perfeccionar y expandir tus métodos para operar y mejorar tu retorno sobre la inversión.

El dinero

Por último, aunque no por ello menos importante, sí, es posible comenzar con 300 dólares y transformarlos en 10.000, pero no en dos meses. Por lo tanto, debes determinar tus metas financieras en función de tu capital de operaciones, al menos parcialmente. Ten en cuenta que la mayor parte del tiempo la inversión correcta consiste en empezar con un pequeño capital y tener una meta financiera modesta. Muchos operadores de Forex pierden su primer fondo, y esta es la razón por la cual es mejor intentar convertir 300 dólares en 1.000, que 10.000 en 30.000. Una vez que hayas alcanzado la meta más modesta, podrás elevar el objetivo.

¿POR QUÉ LA MAYORÍA DE LOS OPERADORES PIERDEN DINERO?

Operar en un mercado tan dinámico como el Forex puede despertar muchas emociones, lo que nunca es bueno cuanto estás intentando hacer que tu dinero trabaje para ti. Así pues, tener éxito como operador de Forex es mucho más que tan solo tener una buena estrategia de operaciones. Todo el mundo tiene sus fortalezas, debilidades, preferencias y prejuicios. Conocer los tuyos te ayudará a decidir en qué clase de mercado quieres operar y cómo tener éxito en ese mercado.

Como es obvio que cualquiera puede aprender a interpretar los gráficos, seguir las noticias, comprar a bajo precio y vender a uno alto, se podría concluir que operar en el mercado de divisas no es nada complicado, especialmente para aquellos que estén dispuestos a invertir tiempo y dinero para hacerlo. Entonces, ¿por qué hay tantos operadores que pierden dinero en el mercado Forex? Principalmente porque recaen en una de las categorías que vienen a continuación (o en todas):

1. **Los jugadores.** Estos son unos auténticos idiotas. Tratan el mercado como si fuera un casino y esperan hacerse ricos en un día (o al menos en un par de noches). Obtener beneficios de un modo consistente es imposible para los miembros de este grupo, básicamente porque no reflexionan acerca de nada, sino que operan en base a sus deseos. Van en corto porque piensan que el precio debería empezar a bajar y en largo porque no pueden imaginarse que los precios vayan a seguir bajando. Invierten una parte demasiado grande de su capital en una sola posición, compran por pura codicia y venden por pánico.

2. **Los chicos perdidos.** Estos chicos *piensan*, pero carecen de una estructura o, en otras palabras, de un sistema. Tienen alguna comprensión acerca del

funcionamiento del mercado, pero aun así operan ad hoc la mayor parte del tiempo. No hacen una supervisión de su valor esperado, normalmente invierten demasiado en una única posición y aprenden poco, porque les falta tener un sistema que les permita aprender de sus experiencias.

3. **Los psicópatas.** Estos saben mucho acerca de cómo funciona el mercado y tienen unos sólidos sistemas de operaciones. Su único problema, es que no los siguen. Son un poco como esas personas muy agradables y normales que se convierten en locos suicidas tan pronto como entran en el coche; de repente están dispuestos a arriesgar su vida y a perder un brazo con tal de llegar a casa 30 segundos antes. Algunos psicópatas realmente no pueden evitarlo (aunque la terapia podría funcionar), mientras que otros realmente no tendrían por qué meterse en problemas del modo en que lo hacen. Es posible que tengan una estrategia de operaciones basada en aguardar pacientemente a que se presente la operación a largo plazo ideal, pero son tan impacientes como niños pequeños justo antes de salir de la escuela.

Un buen sistema de operaciones es más que una simple estrategia de operaciones: es una colección de elecciones personales, que funcionan como un *modus operandi* hecho a medida. Tu estrategia puede ser el motor, pero también tienes que asegurarte de este que sea el adecuado para el tipo de coche que vas a conducir.

Para obtener un sistema de operaciones que se adapte a tu personalidad y a la situación de tu vida, debes plantearte a ti mismo algunas cuestiones sobre tus preferencias personales, fortalezas, debilidades e ideas acerca de cómo funciona el mercado. A primera vista, esto podría parecer psicología barata, pero en definitiva tu sistema de operaciones es un poco como una empresa con una sola persona: tú. ¿No crees que sería una buena idea analizar un poco la personalidad de un empleado, si el éxito de la empresa dependiera por completo de ese empleado? A continuación hay algunas preguntas que te pueden ayudar a configurar un sistema de operaciones que se adapte a tu personalidad y a determinar la cantidad de tiempo y de dinero que puedes invertir en tu incipiente carrera en el Forex. Y no, no hay respuestas equivocadas.

AUTOEVALUACIÓN

1. 1. En una escala del 1 al 10, ¿cuánto sabes sobre los mercados financieros?
2. ¿Cuánto tiempo puedes dedicarle al estudio?
3. ¿Cuánto tiempo al día puedes dedicarle a operar?
4. ¿Eres del tipo de personas que comprenden los asuntos técnicos con facilidad o eres más bien una persona del pueblo llano?
5. ¿Te describirías a ti mismo como disciplinado o más bien como impulsivo?
6. ¿Te consideras a ti mismo impaciente?

7. Cuáles crees que son tus puntos fuertes en lo que se refiere a operar?
8. ¿Y tus puntos débiles?
9. ¿Qué crees que deberías aprender antes de empezar tu carrera como operador en serio?
10. ¿Te gusta tener la razón?
11. ¿Qué esperas conseguir como operador de Forex? ¿Lo suficiente como para pagar tus vacaciones anuales? ¿Un pequeño complemento para tus ingresos? ¿Un Ferrari, volar en primera clase durante el resto de tu vida o simplemente tener una cuenta bancaria abultada?
12. ¿Cómo de motivado te sientes para alcanzar tus metas financieras?
13. ¿Eres una persona optimista, realista o pesimista?
14. ¿Serías capaz de cancelar en una operación perdedora diez veces seguidas para conseguir una sola operación muy rentable, o preferirías tener siete pequeñas operaciones con beneficios y tres con pequeñas pérdidas?
15. Sin pensarlo mucho: ¿preferirías operar a corto plazo o a largo? ¿Y por qué?
16. ¿Se te da bien trabajar solo?
17. ¿Te distraes con facilidad? Y si es así, ¿sería esto un inconveniente a la hora de operar?
18. ¿Cuánto arriesgarías para alcanzar tu meta?
19. ¿Qué clase de sistema de operaciones prefieres? ¿Un sistema que siga las tendencias en el que puedas mantener tus posiciones durante un periodo más largo de tiempo? ¿Un sistema en rangos que busque evoluciones en los precios más a corto plazo? ¿O quizás uno intradiario en el cual haya que entrar y salir de las posiciones varias veces al día?
20. ¿Preferirías operar con muchos pares de divisas diferentes o especializarte en un par de ellos, como por ejemplo los mayores?
21. ¿Te gustan los mercados volátiles que se mueven hacia delante y hacia atrás, con muchas oportunidades para obtener beneficios rápidamente (aunque también con más riesgo de experimentar un cierre forzoso)?
22. ¿Te gusta cómo funcionan los mercados? ¿Crees que todo es aleatorio, te interesan los patrones gráficos o piensas que son las noticias macroeconómicas las que ejercen una mayor influencia en el mercado?
23. ¿Prefieres las *stops* pequeñas, lo que significa que tendrás cierres forzosos más a menudo, pero con pérdidas menores? ¿Serías capaz de entrar en el mercado una vez más, cuando parezca que el precio se esté moviendo finalmente en tu dirección, incluso después de que tu posición haya sido cerrada a la fuerza una o dos veces ya?
24. ¿Cómo recogerás tus beneficios? ¿Eres una persona de tipo impulsivo o colocarás *targets* de antemano? Y si colocas *profit targets*, ¿las mantendrás?
25. ¿Cómo protegerás tu capital de operaciones? ¿Cómo evitarás ir a la quiebra?

Obviamente, este cuestionario no refleja toda la situación al completo. Lo que debes extraer de él, es que es importante que te tomes un tiempo para preguntarte a ti mismo algunas cuestiones relevantes y descubrir qué tipo de operador eres. ¿Cuál es tu ventaja personal a la hora de operar en los mercados? ¿Con qué deberías tener cuidado? ¿Qué es lo que te gusta y qué es lo que detestas? ¿Tienes la suficiente disciplina, motivación tiempo y dinero como para alcanzar los goles que te has marcado?

Responder a todas estas cuestiones te ayudará en tu camino para descubrir el sistema de operaciones que mejor se adapte a ti.

OPERADOR X

A continuación vamos a mostrar las respuestas de un operador principiante al test de autoevaluación como ejemplo y el sistema de operaciones que debería elegir de acuerdo con las mismas. Así podrás hacerte a la idea de la perspectiva que tus respuestas a las preguntas anteriores te puede dar.

El operador X tiene mucho tiempo y motivación.

Piensa que es rápido en los estudios y ha adquirido mucha disciplina gracias a los años en los que ha sido jugador de póker profesional.

Tiene una personalidad un tanto impaciente e impulsiva. El operador X es bueno en matemáticas. El operador X piensa que su naturaleza impulsiva le puede crear algunos problemas a la hora de operar.

Su meta inicial es modesta. Le gustaría probarse a sí mismo que es capaz de operar de un modo rentable y, de acuerdo con esto, se ha fijado el objetivo de aumentar sus 500 dólares de capital inicial hasta 2.000 en un plazo de seis meses. Tras alcanzar esa meta, decidirá una nueva.

No le gusta perder, pero piensa que lo puede afrontar siempre y cuando las pérdidas sean pequeñas.

Al principio le gustaba mucho la idea de operar a largo plazo, pero después de reflexionar un poco, se dio cuenta de que probablemente no tendría paciencia para ello.

No le importaría demasiado perder sus 500 dólares de capital de operaciones, aunque obviamente espera evitarlo.

El operador X es imparcial con respecto a la dirección del mercado, siempre y cuando no tenga que permanecer en una posición demasiado tiempo.

Quiere centrarse en uno o dos pares de divisas al principio, porque piensa que operar en el mercado de divisas de esta manera ya es lo suficientemente complicado.

Piensa que, hasta cierto punto, el mercado se desplaza según unos patrones. Todavía tiene mucho que aprender, pero según lo que ha podido ver, las evoluciones de los precios se tropiezan con niveles de soporte y resistencia y tienden a repetirse regularmente.

Prefiere las *stops* pequeñas para que el volumen de sus pérdidas sea menor. Sabe que esto significa que tendrá que aceptar que sus posiciones sean cerradas a la fuerza muchas veces, pero eso no le importa demasiado. Si le expulsan cuando esté en un mercado que todavía le parezca interesante como para entrar, se ve a sí mismo entrando otra vez. Pero las pequeñas *stops* le dan a sí mismo una sensación de control, algo que le gusta.

En lo que se refiere a la toma de beneficios, prefiere elegir las *targets* con antelación y en base a los niveles de soporte y resistencia. Él piensa que esto es particularmente importante porque si no su impulsividad podría tentarle a recoger los beneficios demasiado pronto.

Protege su capital de operaciones abriendo posiciones pequeñas, de modo que puede atravesar una racha perdedora sin perderlo todo.

Condiciones para operar del operador X

- • Fondo 500 dólares.
- Operaciones a corto plazo.
- EUR/USD y GBP/USD exclusivamente.
- Cómo decidir la entrada en el mercado: observar los patrones en las evoluciones de los precios, y descubrirlos por medio de indicadores técnicos y el estudio de gráficos de velas.
- *Stops* ajustadas de un máximo del 2% del capital de operaciones total. Esto es aún bastante agresivo, pero el operador X no quiere empezar con un capital de operaciones mayor.
- *Profit targets* basadas en los puntos de resistencia y soporte. Debido a que el operador X tiende a ser impulsivo e impaciente, será particularmente estricto a la hora de adherirse a sus *profit targets*.
- El tamaño de la posición se basará en un porcentaje o, en otras palabras, en un 2% de riesgo por operación.

La versión de la situación que se ha descrito aquí es muy breve, pero con suerte te dará alguna idea de cómo el autoanálisis te puede ayudar a formular una serie de condiciones para operar personalizadas que te sirvan para crear tu sistema de operaciones. Es importante que construyas tu sistema en base a tus fortalezas, a la vez que evitas tus debilidades. Sin embargo, debes prestarle una atención especial a aquellas partes de tu sistema de operaciones en las que no puedas superar tus debilidades y trabajar para fortalecerlas, de modo que tengas más éxito.

CAPÍTULO 23 CONDICIONES PARA QUE SE DÉ UNA SEÑAL DE ENTRADA EN EL MERCADO (*SET-UPS*)

Una parte importante de todo buen sistema de operaciones rentable consiste en saber cuándo abrir una posición. Aquí es donde los análisis fundamental y técnico pueden servir de ayuda. Los precios en el mercado Forex son el resultado directo de la oferta y la demanda, y tanto los análisis fundamentales como los técnicos pueden ofrecer una orientación dentro de la eterna lucha de poder entre los alcistas—que apoyan una tendencia alcista—y los bajistas (los pesimistas/*the bears*, por así decirlo). Un *set-up* es un conjunto de condiciones fundamentales y técnicas que se tienen que cumplir para que se abra una posición.

EJEMPLO DE *SET-UP* I: RUPTURA DE LAS BANDAS DE BOLLINGER

1. Utiliza las Bandas de Bollinger para poner en perspectiva la importancia de la evolución de los precios.
2. El precio tiene que traspasar la banda superior o la inferior (ruptura).
3. La vela se tiene que cerrar por encima de la banda superior o por debajo de la inferior.
4. A continuación, el precio tiene que retroceder por debajo de la banda superior (en el caso de una tendencia alcista) o por encima de la inferior (en el caso de una tendencia bajista).
5. Solo cuando se cumplan todas estas condiciones se abrirá una posición en la dirección de la ruptura.

EJEMPLO DE *SET-UP* II: RUPTURA SMA

En los años ochenta, un famoso grupo de especuladores conocido como las "Tortugas", se hizo famoso con sus operaciones en el mercado de materias primas. Era un grupo de unas 10 personas que empezaron sin tener ningún conocimiento en especial sobre las operaciones en los mercados y cuyas profesiones iban desde cartero a contable. Entonces recibieron la formación de un operador de materias primas muy exitoso, que quería demostrar que cualquiera podía aprender a operar en los mercados con éxito.[27] Las Tortugas consiguieron más de 100 millones de dólares en tan solo dos años y uno de sus *set-ups* favoritos consistía en operar con el máximo/mínimo de los últimos 20 días de una materia prima dada. Este era un *set-up* simple, pero al mismo tiempo altamente efectivo, en el cual la ruptura del 20 SMA (media móvil simple) era el activador para que se abriera una posición.

---

27 El operador en cuestión era Richard Dennis, quien, en 1983, se apostó con su socio, William Eckhardt, que cualquiera podía aprender a ser un operador de éxito. Ese mismo año se estrenó la película Entre pillos anda el juego —con Eddie Murphy y Dan Aykroyd como actores principales—, basada en este tema. ¿Casualidad?

Como puedes ver, un *set-up* no tiene por qué ser nada complicado. Hay incontables vídeos en YouTube de operadores que se viven inmersos en una gran cantidad de indicadores técnicos, que van desde el RSI y las Bandas de Bollinger, hasta Fibonacci, la SMA 20, la SMA 200, el estocástico, el MACD y muchos otros más. Obviamente, todo esto se ve muy profesional, pero parecer profesional no es un prerrequisito para tener éxito como operador. Realmente, es más bien al contrario. Las historias acerca de operadores exitosos casi nunca tienen que ver con el uso que hacen de 20 indicadores técnicos para sus *set-ups*. La mayor parte del tiempo, la simplicidad es la clave.

¿POR QUÉ UTILIZAR UN *SET-UP*?

Muchos operadores de Forex principiantes pierden dinero, no porque operar con las divisas sea muy complicado, sino porque parece muy *fácil*. Un mercado muy dinámico, un apalancamiento alto, depositar doscientos dólares, ¡y ya estás en el camino para hacerte rico! Muchos operadores aficionados se dejan engañar por esta afirmación. Se dejan persuadir por la idea de que, de alguna manera, es muy fácil hacer fortuna en el mercado Forex sin aprender mucho sobre él, ni invertir cantidades serias. Debido a esto, fracasan a la hora de ponerse a investigar los hábitos de los operadores exitosos, o ni siquiera aprenden de sus propios errores.

Dicho de un modo simple, la mayoría de los operadores se esfuerzan muy poco. Navegan por algunas páginas de internet, aprenden un poco acerca de los indicadores técnicos en YouTube y recogen algo del impacto de las noticias económicas en el mercado de divisas de aquí y allá. A continuación, toman un *set-up* de cualquier sitio —porque algún tipo les dijo que funcionaba maravillosamente para él— y '¡tachaán!' ¡Deja que el dinero fluya!

Obviamente, esto es tan solo una quimera. Tener un buen *set-up* es, sin duda, importante, pero probablemente tan solo constituya el 10% de lo que necesitas para convertirte en un operador de Forex de éxito. Con respecto a esto, quizás resultaría interesante resaltar que hay varios ejemplos de operadores que han realizado simulaciones con los llamados *sistemas de entrada aleatorios*, y han descubierto que se puede operar de un modo rentable utilizando esta clase de *set-ups*. Todo esto no quiere decir que si operas con un buen *set-up*, no tendrás más éxito que si operas sin uno, sino tan solo que no es tan importante como algunos vendedores de sistemas de operaciones te querrán hacer creer.

Un buen set-up es importante por las siguientes razones:

1. Te obliga a reflexionar sobre unos buenos puntos de entrada.
2. Hace que te mantengas fuera del mercado cuando realmente no sepas lo que hacer de acuerdo con la evolución del precio del momento (aun así, muchos operadores normalmente ignoran sus propias condiciones de

entrada, lo que hace que se introduzcan en operaciones que resultan ser desafortunadas desde el principio, y esto provoca que terminen saliendo de la operación demasiado pronto o tarde, o que tengan que mover su stop loss, etc. No te hagas esto a ti mismo y cíñete a tu plan).

3. Un set-up proporciona un marco de referencia sobre la situación de mercado que estás buscando. Esto no es algo que deberías extraer de alguna página web sin pensártelo dos veces, sino un conjunto de condiciones que tú creas que deberían tener lugar antes de que puedas abrir una operación con seguridad. Eso no significa que debas concebir el set-up por tu cuenta, siempre y cuando escojas uno con el que estés de acuerdo (lo cual hará que te resulte más sencillo mantener la disciplina y que no pierdas de vista tu objetivo una vez que se haya abierto la posición).

Naturalmente, también puedes utilizar varios *set-ups*. Por ejemplo, uno para un mercado que se mueva lateralmente, otro para un mercado alcista, otro más para un mercado bajista e incluso varios *set-ups* diferentes para cada uno de los pares de divisas. Podrías desarrollar un *set-up* para el USD/CAD, por ejemplo, dentro del cual el precio del petróleo juegue un papel predominante (como Canadá es el mayor proveedor de petróleo de los Estados Unidos, hay una estrecha correlación entre el precio del petróleo y el valor del dólar canadiense).[28] O bien un *set-up* para el NZD/USD que tenga en cuenta los movimientos en el AUD/USD, porque la economía de Nueva Zelanda se encuentra fuertemente vinculada a la de Australia.

Sin embargo, te recuerdo una vez más que, aunque tengas el mejor conjunto posible de *set-ups*, estos solo constituyen alrededor del 10% de lo que necesitas para tener éxito en el mercado Forex.

---

28 Fuente: el organismo de información energética de los Estados Unidos, Importaciones de Estados Unidos por país de origen.

CAPÍTULO 24 ESTRATEGIA DE SALIDA

Saber cuándo salir es como mínimo igual de importante que saber cuándo entrar.

Los expertos —algunos de ellos reales, la mayoría más bien autoproclamados— ofrecen trucos del tipo 'gemas del mercado de valores sin descubrir', 'subidas en los precios inevitables' y 'materias primas imprescindibles' por todo internet. Resulta interesante señalar, no obstante, que el 95% de dichos trucos solo ofrecen puntos de entrada y la mayoría de ellos versan sobre **comprar** acciones, bonos, materias primas, etc. Esto se debe a que la mayoría de la gente prefiere especular con acciones que van al alza y, los 'expertos', están encantados de ayudar. Por si esto fuera poco, los operadores institucionales a menudo tienen una estrategia de "Buy & Hold" (comprar y mantener) y les gustaría que los otros operadores también siguieran esa estrategia, porque eso crea estabilidad. Estas son solo algunas de las razones por las cuales las estrategias de salida reciben menos atención de la que deberían.

ALGUNOS DE LOS EJEMPLOS MÁS INFAMES DE FALTA DE UNA ESTRATEGIA DE SALIDA

La ausencia de una sólida estrategia de salida es la causa de bastantes errores garrafales tanto dentro como fuera del mundo financiero. Parece ser que la aversión a las pérdidas es una parte tan esencial de la naturaleza humana, que incluso las personas más inteligentes y experimentadas son capaces de tomar decisiones estúpidas a causa de ella. Vamos a ver algunos ejemplos para ilustrar la cuestión.

Ejemplo 1 El mundo frente a la crisis de crédito

La crisis de crédito del 2008 hizo que sectores financieros de todo el mundo fueran en caída libre. Tras la caída de Lehman Brothers casi todos los bancos se pusieron en peligro y, en el transcurso de tan solo dos días, el mundo descubrió que no podía asumir la desaparición de ningún otro banco grande. La estrategia de salida darwiniana del capitalismo que consistía en la supervivencia de los más fuertes, dejo de considerarse aceptable para un sector financiero que constituía la base de cualquier otro sector de negocios. Sin que nadie se diera cuenta, emergió una situación nueva en la que decenas —sino centenares— de bancos internacionales se convirtieron en 'demasiado grandes como para caer'. Esta fue la nueva tarjeta de 'salga de la cárcel libre' de muchas de las empresas más ricas de la Tierra. ¿La nueva estrategia de salida del capitalismo? Mantén esas compañías a flote pase lo que pase (en otras palabras: ninguna estrategia de salida).

Ejemplo 2 Los Estados Unidos frente al resto

Al ejército estadounidense no le gustan las estrategias de salida. Probablemente lo niegue (o tal vez no), pero tras ver la invasión de Normandía en 1944, y las guerras de Vietnam, Irak y Afganistán, no podemos evitar pensar que el ejército estadounidense es incapaz de soportar la idea de marcharse, incluso si esto es lo más inteligente que podría hacer. La jugada dio resultado en Normandía, aunque los expertos del ejército alegan que fue una situación extrema. Sin embargo, en décadas posteriores, esta política de no retirarse no siempre salió tan bien, y tuvo el coste de muchas vidas y riquezas. La mayor parte del tiempo, el plan B del ejército estadounidense parece consistir en duplicar los esfuerzos con la esperanza de que le tendencia se invierta finalmente.

Ejemplo 3 Precio del petróleo frente a los fondos de cobertura

La bastante inesperada caída del precio del petróleo en el verano de 2008 llevó a varios fondos de cobertura al borde de la bancarrota, y a algunos incluso a más. La razón, según los analistas del Financial Times (entre otros), se debió a su estrategia de comprar más petróleo cuando los precios bajaban, en lugar de aceptar las pérdidas cuando las inversiones salieron mal. Redoblar la apuesta cuando los precios caen tiene la ventaja de que el punto de referencia (el precio medio de compra), también cae, pero cuando el descenso de los precios continúa, las pérdidas pueden alcanzar unas proporciones gigantescas.

ESTRATEGIA DE SALIDA PARA LIMITAR LAS PÉRDIDAS: LA *STOP LOSS*

Como dijo Matt Damon en la película sobre el póker *Rounders*: "No puedes perder lo que no pones en el medio". En el intercambio de divisas, así como en el póker, limitar tus pérdidas es tan importante como optimizar tus beneficios, o quizás incluso más importante. Todos los operadores tienen operaciones perdedoras de vez en cuando, y cada dólar que se pueda salvar en una operación perdedora vale tanto como cada uno de los dólares que se ganan en una operación rentable. Por lo tanto, es importante formular una estrategia de salida *antes* de abrir una posición. Reflexiona acerca de por qué quieres abrir la posición y coloca tu *stop loss* en base a esa respuesta.

Ejemplo I

Eres un operador intradiario y utilizas dos velas de 15 minutos frente a frente que van en la misma dirección que el disparador principal de tus operaciones. El objetivo es ganar entre 40 y 80 *pips*, lo cual resulta bastante factible durante las pequeñas tendencias intradiarias de los mayores. No recoges desde arriba o abajo, sino que te gusta entrar en la operación cuando el movimiento del precio lleva en curso un tiempo. En las tendencias pequeñas e intradiarias, las correcciones suelen ser limitadas, por lo que hay bastantes posibilidades de que el movimiento sea claro.

Coloca tu *stop loss* en base a las correcciones que haya habido en tendencias intradiarias similares en ese día con anterioridad. Puedes obtener las correcciones de los gráficos de 5 minutos. Por ejemplo, puedes detectar que durante una tendencia intradiaria anterior, hubo una corrección temporal de dos pequeñas velas de unos 15 *pips* en total. Después de eso, la tendencia intradiaria se reestableció por sí sola. Teniendo en cuenta esta situación, pon tu *stop loss* a 20 *pips*. La razón es que siempre es posible que haya un pequeño retroceso, pero cuando este excede los 20 *pips*, las probabilidades de que la operación intradiaria esté a punto de invertirse aumentan rápidamente. Ten presente que es una *stop* muy ajustada, pero incluso si estás en lo correcto solo el 50% de las veces, todavía podrás ganar dinero, aunque tus operaciones ganadoras nunca sobrepasarán los 40 *pips* de beneficio por operación.

Ejemplo II

Eres un operador a corto-medio plazo y normalmente no mantienes tus posiciones abiertas durante más de una semana. Durante esa semana, tu objetivo es recoger parte de una tendencia que ya se halle en curso. Prefieres ir en largo simplemente porque te atraen más los precios ascendentes y encuentras difícil especular con precios que caen. La mayor parte de las veces abres una posición justo después de que los precios hayan retrocedido un poco. Sin embargo, la corrección tiene que haber terminado, pues esto es lo que aumenta tus oportunidades de tener éxito al engancharte a la tendencia alcista. Tus *profit targets* suelen ser de 200 a 300 *pips*.

Prefieres poner tus *stops* justo a continuación del punto más bajo de la corrección. Esto es lógico, porque si el precio da la vuelta otra vez y se va más abajo de la corrección anterior, es muy probable que la tendencia se termine y que se establezca un periodo de precios oscilantes, al que quizás le siga una inversión de tendencia. En cualquier caso, la situación sería demasiado confusa como para tomar parte. Sabes que este *set-up* produce una operación ganadora alrededor de un 30% de las veces y tus *stops* están a entre unos 50 y 80 *pips* de distancia. Así pues, como promedio, perderás unos 2 X 65 = 130 *pips* y ganarás alrededor de 250, lo que supone un beneficio medio de 120 *pips* por tres operaciones o de 40 *pips* por operación.

ESTRATEGIA DE SALIDA PARA ASEGURAR Y MAXIMIZAR LOS BE-NEFICIOS

Como no todas las operaciones pueden ser ganadoras, asegurarse de que las ganadoras tengan la máxima rentabilidad es aún más importante. O, como dice el dicho: "corta tus pérdidas y deja correr tus ganancias". Muchos operadores conocen esta regla, pero actuar conforme a ella resulta ser más difícil de lo que podría parecer. Presos de codicia o miedo, los operadores dejan que se acumulen las pérdidas al perder con operaciones aún mayores (al seguir aumentando la posición, por ejemplo) y consiguen que disminuyan los beneficios de las operaciones rentables al cerrarlas demasiado rápido, pues temen que las ganancias desaparezcan más adelante. Una manera sencilla de protegerte contra tales comportamientos consiste en elegir una *profit target* antes de abrir la operación.

Hay varias maneras diferentes de poner una *profit target*. Por ejemplo, puedes hacer que funcione según el tiempo. Mantén la posición abierta por un tiempo predeterminado, una hora, un día, una semana, o cualquier periodo que elijas —según el tipo de operador que seas: intradiario, a corto, medio o largo plazo— antes de que se cierre automáticamente (suponiendo, por supuesto, que se trate una posición ganadora que no haya sido cerrada a la fuerza con anterioridad).

Esta clase de *targets* según el tiempo tienen algunas limitaciones obvias —siendo una de ellas que no tienen en cuenta para nada las evoluciones actuales—, pero para algunos operadores son la mejor solución. Si siempre tienes la sensación de que te sales demasiado pronto o demasiado tarde cuando estás trabajando con objetivos de precio, puede resultarte muy útil y sencillo decir: pase lo que pase, cerraré esta posición en 24 horas.

Otra posibilidad, que utilizan muchos operadores exitosos, es la de emplear una parada de arrastre como estrategia de salida o buscar objetivos de precio.

Estos podrían elegir unos puntos de soporte y resistencia que se ubiquen dentro del rango de operaciones de su horizonte de comercio. Supongamos que el EUR/USD esté a 1,4750 y que el operador a largo plazo piense que el euro vaya a subir a largo plazo. No le importaría mantener la posición abierta durante seis meses o más. Al mirar los gráficos diarios (1 vela = 1 día) observa que el EUR/USD ha llegado a los 1,6000 dólares dos veces antes de caer nuevamente. Por lo tanto, coloca su *stop* un poquito por debajo del mínimo de los 3 meses pasados, que está alrededor de los 1,4500. Entonces arriesgaría 250 *pips* para ganar 1.250. Si esta decisión es inteligente o no, dependerá del resto de su sistema de operaciones. Si está en lo correcto el 20% del tiempo, tendría un coste de 1.000 *pips* como promedio para ganar 1.250 y obtener un beneficio de 50 *pips* por operación. Esto no es mucho para un operador a largo plazo, pero si encuentra una operación de este tipo por lo menos una vez a la semana y abre como mínimo un contrato estándar (1 *pip* = 10 dólares) por cada operación —teniendo en cuenta que la operación más antigua es de seis meses y que normalmente habrá alcanzado su target—, entonces ganaría 2.000 dólares al mes. Ciertamente, esto no es lo suficiente como para comprarse un Ferrari nuevo cada año, pero un Beamer usado está bien también.

PUNTOS DE SALIDA ESCALONADOS

Muchos operadores exitosos 'crecen' dentro y fuera de sus posiciones. No abren la posición completa de una sola vez, sino que empiezan con tan solo 1/3 de la posición, por ejemplo. La idea es esperar a que su hipótesis acerca de la evolución del precio se demuestre primero, motivo por el cual limitan su riesgo a 1/3 del total de la posición. Si el precio continúa moviéndose en su dirección, entonces abren otro tercio, al que le seguirá otro tercio más.

En sentido inverso, también puedes crecer fuera de la posición, utilizando algo a lo que se hace referencia como *puntos de salida escalonados*. Con los puntos de salida escalonados, las posiciones se cierran por separado y tienen diferentes objetivos de precio. A continuación tenemos un ejemplo de esto. Esta no es ni mucho menos la única forma de utilizar puntos de salida escalonados, sino simplemente un ejemplo de cómo puedes utilizarlos a tu favor.

Ejemplo de puntos de salida escalonados:

El operador X es un operador intradiario. Coloca dos posiciones largas en el EUR/USD a 1,4750 dólares. Pone sus *stops* a 1,4728 dólares.
- Posición I – Entrada 1,4750 dólares – Target 1,4780 dólares
- Posición II – Entrada 1,4750 dólares – Target 1,4820 dólares Coloca otra posición larga a 1,4760, porque ahora tiene tiene más pruebas de que el precio se va a mover en su dirección.
- Posición III – Entrada 1,4760 dólares – Target 1,4900 dólares

Cuando el precio alcanza los 1,4780 dólares, se cierra la posición I y el operador X mueve la *stop loss* de la posición II hasta su punto de rentabilidad en 1,4750 dólares.
- A los 1,4800 mueve la *stop loss* de las posiciones II y III hasta los 1,4775 dólares.
- A los 1,4820 se alcanza el *target* de la posición II y se cierra la posición.
- A los 1,4900 dólares también se cierra la posición III.

Si la operación sale bien, el operador X se puede embolsar un buen beneficio. Además, puede asegurarse una parte de esos beneficios pronto al mover sus *stop losses* sin cerrar las posiciones de verdad. De esa manera, si el movimiento continúa seguirá acumulando beneficios. El operador X ha podido colocar varios puntos de salida porque ha dividido su posición en tres partes. Por lo tanto, puede obtener los beneficios de una parte de su posición sin salir de la operación completamente.

El modo en el que los puntos de salida escalonados puedan beneficiar más a tu estilo de operar es algo que puedes descubrir jugando un poco con ellos y pasando algún tiempo reflexionando sobre el tema.

CAPÍTULO 25 GESTIÓN DEL DINERO

Todo sistema de operaciones rentable le presta atención a la gestión del dinero. No importa el talento que tengas como operador de Forex, si no sigues ningún tipo de gestión monetaria, con el tiempo terminarás con tu cuenta de operaciones vacía.

Limitar tus pérdidas de un modo preventivo y decidir qué clase de estrategia de salida vas a utilizar para las operaciones beneficiosas —como hemos visto en el capítulo anterior— te deja realmente solo a medio camino a la hora de proteger tu fondo.

CALCULAR EL TAMAÑO DE LA POSICIÓN

En su excelente libro, cuya versión en inglés tiene el peor título de la historia de la humanidad (aunque esto es mejor que a la inversa), *Trade Your Way To Financial Freedom* o *Tener éxito en Trading*[28], el operador y psicólogo Van K. Tharp escribe sobre la importancia de calcular el tamaño de la posición y las expectativas (el valor esperado). Tharp sostiene que lo que generalmente se considera como gestión del dinero no es suficiente como garantía en sí misma en lo que se refiere a la protección de tu capital de operaciones. Por ejemplo, cuando sigues la regla de no arriesgar más del 3% de tu capital de operaciones, estarás poniendo en práctica la gestión del dinero, pero esto no necesariamente ofrece la protección suficiente para tu capital de operaciones. Quizás seas un operador a largo plazo en un mercado muy volátil que a veces experimente cierres forzosos 10 o 15 veces seguidas. No todo el mundo puede soportar perder el 45% de su capital de operaciones antes de que aparezca una operación grande y sustanciosa que lo pongo todo en su sitio de nuevo (dejando al margen la cuestión de si un sistema de operaciones con una posible detracción del 45% se puede considerar un sistema de operaciones viable o no). En otras palabras, para cada tipo de personalidad, hay un abordaje diferente de las estrategias de operaciones.

Tharp no aborda el tema de la gestión del dinero de un modo pasivo, sino interactivo. ¿Qué clase de operador eres? ¿En qué clase de mercado estás activo? ¿Cuál es el tamaño de los descensos de máximo a mínimo (rachas perdedoras) que puedes manejar, psicológicamente hablando? Tharp da las respuestas a todas estas preguntas para que los operadores puedan crear su propia y óptima estrategia de gestión del dinero. No hace falta decir que dista mucho de ser una gestión financiera tradicional.

Para Tharp el *cálculo del tamaño de la posición*, que observa en relación con la ratio entre riesgo y recompensa, es fundamental. Hay varias estrategias para el cálculo del tamaño de la posición, pero la mejor es la que lo expresa como un porcentaje del total del capital de operaciones. Es importante darse cuenta de que el tamaño de la posición es irrelevante aquí (puede ser un % de tu capital de operaciones total); lo que importa es la cantidad que arriesgas en realidad. En general, Tharp considera que arriesgar el 3% del capital de operaciones total es agresivo, pero esto también depende de otros factores de tu sistema de operaciones.

28 Tener éxito en Trading, Van K. Tharp, McGraw-Hill, 1999.

Por ejemplo, si realmente no puedes soportar las operaciones perdedoras y desarrollas un sistema rentable que produzca un 90% de operaciones ganadoras (lo cual es posible, pero probablemente las ganancias serán pequeñas la mayor parte de las veces) y solo pequeñas operaciones perdedoras, entonces utilizar unos tamaños de posiciones en los que el 5% de tu capital de operaciones se encuentre en peligro no sería un problema para ti. Después de todo, tus rachas perdedoras ya se ven limitadas por el bajo porcentaje de operaciones perdedoras.

Los objetivos más importantes del cálculo del tamaño de la posición

1. Proteger tu capital de operaciones.
2. Darte la posibilidad de que determines tu valor esperado (VE)
3. Permitirte que ajustes tu sistema de operaciones para que optimices el valor esperado y minimices el riesgo de quiebra.

Ejemplo:

El operador Y tiene un sistema de operaciones que produce alrededor de un 50% de operaciones ganadoras. Es un operador a corto plazo, tiene una minicuenta de Forex (1 *pip* = 1 dólar) y se centra principalmente en operar con el EUR/ USD. Todavía no tiene mucha información sobre su sistema de operaciones, excepto que ya ha perdido la mitad de su fondo, y tiene la sensación de que está haciendo algo mal.

Tras investigar un poco, descubre que sus operaciones rentables normalmente le generan un lucro de alrededor de 30 *pips*, mientras que sus operaciones perdedoras le cuestan 60 *pips*, porque siempre coloca su *stop loss* a 60 *pips* de distancia. Empezó con un capital de operaciones 600 dólares, pero ya solo le quedan 300 dólares.

El tamaño de la posición de Y es, por tanto, de un 10% (60 *pips* = 60 dólares en una minicuenta) de su capital de operaciones total. O, para ser más exactos, solía ser de un 10%, porque ahora su capital ha descendido hasta 300 dólares, por tanto, ¡los 60 *pips* del tamaño de su posición por operación constituyen ahora un 20% de su capital de operaciones total! Si pierde otras 5 operaciones consecutivas —lo cual es bastante posible con un sistema 50/50— se arruinará.

Hay varios errores en el sistema de operaciones de Y.

El tamaño de su posición de un 10% es demasiado grande y agresivo, especialmente debido a su sistema de 50/50. Cualquiera que haya jugado o visto una pequeña ruleta en un casino, sabe que no es tan infrecuente que la pequeña bola blanca caiga en un número rojo diez veces seguidas, en cuyo caso Y se arruinaría.

Como el operador Y no ha ajustado el tamaño de su posición al descenso de su capital de operaciones, el porcentaje de su capital de operaciones que está en riesgo continúa aumentando y ya ha subido a un 20%.

En apariencia, el operador Y no le está prestando ninguna atención a su ratio de riesgo/recompensa, porque continúa arriesgando 60 para ganar 30. No tienes que ser un genio de las matemáticas para darte cuenta de que esto constituye un valor esperado negativo.

Proteger tu capital de operaciones

Hay una cosa que es cierta, y es que si pierdes tu capital de operaciones, quedas fuera del juego, y si no puedes seguir operando, ya puedes tener el sistema de operaciones más maravilloso del mundo, que puedes estar seguro de que no ganarás más dinero.

Así pues, investiga un poco y descubre con qué frecuencia produces una operación ganadora, obtén el porcentaje que constituye dentro del total de tus operaciones y adapta el tamaño de tu posición (el porcentaje del capital de operaciones total en peligro por operación) a él. Una buena regla general es limitar el tamaño de tu posición a un máximo de 1/10 del porcentaje de operaciones ganadoras. Por ejemplo, si tienes un sistema que produzca un 50% de operaciones ganadoras, el tamaño máximo de tu posición por operación no debe superar un 5%.

Ten en cuenta que tendrás que ajustar el tamaño de tu posición cuando tu capital de operaciones crezca o se reduzca sustancialmente. No es algo que tengas que hacer después de cada operación —eso no sería nada práctico—, pero tras perder un 25% de tu capital de operaciones, eso sería lo más inteligente que puedes hacer.

Valor esperado (VE) y calcular tu VEP

Minimizar tu riesgo de quiebra y tener un sistema con un valor esperado positivo (+VE) es lo más importante a la hora de jugar a juegos que puedan ser rentables de un modo estructural (o al menos para aquellos que sepan como jugarlos).

Como hemos dicho, se puede conseguir minimizar el riesgo de ruina al conectar el porcentaje de posiciones ganadoras con el tamaño de tu posición. Si estás comenzando tu carrera como operador y realmente aún no tienes idea del porcentaje de operaciones ganadoras, un buen punto de partida sería asumir que tendrás un 25% de operaciones ganadoras, para el cual te convendría establecer un tamaño máximo de posición de un 2,5% por operación (lo que supone un 2,5% de tu capital de operaciones total).

Cuando se opera en mercados financieros, el valor esperado es una función que tiene en cuenta el porcentaje de operaciones ganadoras, el beneficio medio por operaciones ganadoras, las pérdidas medias por operación perdedora y el tamaño de la posición.

Ejemplo:
- Tienes un sistema de operaciones que genera un 40% de operaciones ganadoras.
- El beneficio medio de esas operaciones es de 50 *pips*.
- El tamaño de tu posición es como mucho de un 4% de tu capital de operaciones total (1/10 del porcentaje de operaciones ganadoras).
- Tu capital de operaciones total es de 600 dólares, lo que significa que el tamaño de tu posición en dólares sería como mucho de 24 dólares por operación.

Después de 10 operaciones, los resultados —como promedio— serían los siguientes:
- 6 x -$24 = -$144 (perdida)
- 4 x $50 = $200 (beneficio)
- Beneficio total = $56
- Valor esperado = $5,6
- VE expresado en el tamaño de la posición (VEP) = 0,23

El valor esperado expresado en el tamaño de la posición (VEP) no es otra cosa que el valor esperado por cada dólar que arriesgas. Por lo tanto, un VEP de 0,23 significa que ganas 23 céntimos de dólar por cada dólar que arriesgas como promedio.

Expresar tu VE en el tamaño de la posición puede ser útil porque te puede mostrar cómo está funcionando tu sistema de operaciones en un periodo más largo de tiempo, sin importar el (creciente) tamaño de tu posición. Los valores absolutos cambian con el tiempo, pero al expresar el VE en el tamaño de la posición siempre podrás ver el resultado relativo de tu sistema de operaciones. En general, cuanto mayor sea tu VEP, mejor estará funcionando tu sistema.

Conclusión

Muchos operadores principiantes no tienen ningún sistema en absoluto. Todavía no han pensado acerca de la clase de operador que quieren ser (largo plazo, corto plazo, muchas pequeñas pérdidas y algunas operaciones ganadoras grandes o muchas operaciones ganadoras pequeñas y algunas perdedoras, etc.), ni descubierto si van por buen camino. Con frecuencia su análisis no va mucho más allá de "si mi capital de operaciones aumenta, todo va bien, pero si solo me queda un 10% del capital, entonces es que las cosas van mal".

Esta actitud/situación es comprensible —cuando acabas de descubrir el comercio en el Forex hay demasiadas cosas que reclaman tu atención—, pero también puede salirte cara. Desarrollar un sistema de operaciones es algo que no debes de posponer hasta que te arruines.

Este capítulo pretende mostrarte que es importante que empieces a pensar acerca de tu sistema de operaciones ahora mismo para que limites tu riesgo, protejas tu capital de operaciones y comprendas mejor el valor esperado por operación.

CAPÍTULO 26 EVALUACIÓN DEL SISTEMA

No importa lo bien que funcione tu sistema de operaciones, siempre puede ir mejor. Sobre todo al principio, es posible que no vaya tan bien y que necesites un poco de ayuda. Una evaluación del sistema te puede proporcionar una visión crítica que te ayude a mejorar su rendimiento.

Por ahora —si todo va bien—, ya habrás empezado a desarrollar un sistema de operaciones que se adecúe a tu situación personal, tus fortalezas y tus debilidades; un sistema que utilice múltiples y fiables *set-ups*, una estrategia de salida reflexionada en profundidad y un cálculo de la posición que proteja tu capital de operaciones.

Pero el trabajo de desarrollar un sistema de operaciones nunca se termina en realidad, sino que siempre está en perpetua construcción, como la Sagrada Familia en Barcelona, que aunque cada vez es más bella, nunca queda finalizada. Esto se debe a que todo lo que hay a nuestro alrededor también evoluciona y cambia, así como nosotros evolucionamos y nos desarrollamos como personas. No solo irás aprendiendo según sigas avanzando hacia delante, sino que también ganarás experiencia y puede que quieras explorar nuevos mercados o estrategias. El único modo de descubrir nuevas tácticas, mercados y estrategias que puedan contribuir a que tengamos éxito como operadores, es poner a prueba nuestro sistema de operaciones continuamente. Limitarse a llevar las cuentas con la supervisión del rendimiento de tu capital de operaciones no será suficiente, porque eso no responde a la pregunta de qué es lo que funciona y lo que no.

LAS CIFRAS

Para que te hagas a una idea correctamente del éxito de tu sistema de operaciones (o de la ausencia del mismo), hay algunas cifras que te pueden ayudar, como el VEP, el aumento o disminución del capital de operaciones, o el *porcentaje total de operaciones ganadoras.*

Valor esperado expresando en el tamaño de la posición (VEP)

La información más importante que puedes obtener de tu sistema de operaciones es el rendimiento medio por operación. Naturalmente, cuantas más operaciones hayas realizado, más exacta se volverá esta cifra. Lo más probable es que participes en una variedad de operaciones cada vez mayor con el tiempo, por ejemplo, operaciones en rangos junto con operaciones en tendencias, o que vayas más allá de los mayores hacia los cruzados como el GBP/EUR y el EUR/JPY. Medir el resultado medio de diferentes clases de operaciones te puede proporcionar una información muy válida. Quizás descubras que tus resultados operando con pares de divisas cruzados sean bastante mejores que los consigues cuando operas con los mayores, algo que difícilmente podrás averiguar si solo miras los cambios en tu capital de operaciones como conjunto.

El VEP representa el valor esperado expresado en el tamaño de la posición (ver el capítulo 25 para obtener una explicación más en profundidad). Se utiliza para determinar el tamaño de tu posición en base al porcentaje total de operaciones ganadoras en un mercado específico. El tamaño de la posición es el porcentaje máximo del capital de operaciones total que estás dispuesto a arriesgar por operación. Se aconseja a los principiantes que empiecen con un tamaño de exposición que no exceda un 2,5%. En otras palabras, si eres un principiante y tu capital de operaciones es de 1.000 dólares en total, el tamaño de tu posición no debe de superar los 25 dólares por operación.

El valor esperado es el total de los ingresos netos dividido entre el número total de operaciones. Por tanto, si ganas 200 dólares en 20 operaciones, tu valor esperado (VE) sería de 10 dólares por operación.

Tu VEP, o valor esperado expresado en el tamaño de la posición, sería de 0,40 (10$/25$) en este caso. Esto significa que por cada dólar que arriesgues, tu beneficio medio será de 40 céntimos de dólar.

Aumento o disminución del capital de operaciones

Esta cifra no es tan importante, porque te informa sobre algo que tú ya sabes, es decir, el dinero que hay en tu cuenta de operaciones. Pero a muchos operadores les gusta llevar las cuentas de sus actividades de comercio a través de una cifra en concreto, y aquí la tenemos.

Lo mejor es hacer un seguimiento mensual del aumento o disminución de tu capital. Puedes trazar los resultados mensuales en un gráfico, lo que te dará idea de su desarrollo en el tiempo. Imprime el gráfico y ponlo en una pared que se encuentre a al menos a 3 metros de tu escritorio. Si puedes seguir viendo una tendencia alcista mientras estás sentado en tu escritorio, puedes estar seguro de que vas por el buen camino.

Porcentaje total de operaciones ganadoras

Esta cifra es importante sobre todo porque te permite estimar el tamaño óptimo de tu posición. Puedes seguir más o menos las siguientes directrices:

- 75% de operaciones ganadoras = tamaño de la posición de un 7,5%
- 50% de operaciones ganadoras = tamaño de la posición de un 5%
- 25% de operaciones ganadoras = tamaño de la posición de un 2,5%

Recuerda que estos son los tamaños máximos para la posición, lo que significa que el tamaño máximo de una posición debe ser siempre 1/10 del porcentaje total de operaciones ganadoras.

QUÉ SE DEBE EVALUAR Y CON CUÁNTA FRECUENCIA

Es importante evaluar tanto las partes separadas de tu sistema de operaciones como el sistema entero en su conjunto. Algunas partes se evalúan mejor una vez al mes, mientras que otras solo requieren de una evaluación anual o bianual. Ten presente que estas frecuencias dependen de algún modo de lo activo que te mantengas como operador. Si solo pones dos operaciones por semana, por ejemplo, una evaluación mensual no te propocionará ninguna información estadísticamente relevante.

Evaluación de tu sistema de operaciones en cifras

Si eres un operador intradiario, lo más conveniente sería que evaluases el porcentaje de operaciones ganadoras, tu VEP y el aumento o disminución de tu capital una vez al mes. Muchos operadores principiantes se ven tentados a hacer evaluaciones más a menudo, pero eso no hará que consigas más información adicional (excepto sobre lo fácil que es desarrollar un trastorno obsesivo compulsivo). En realidad, es mejor dedicar 29 días al mes a conseguir buenos resultados y solo uno a evaluarlos.

Evaluar las diferentes partes de tu sistema de operaciones

Someterse a una autoevaluación una vez al mes podría parecer demasiado, pero, como operador principiante, es lógico que le dediques ese tiempo a descubrir tus fortalezas y debilidades, así como a analizar cómo lidias con ellas cuando operas, especialmente si eres un operador a corto plazo, pues el riesgo de tener grandes pérdidas debido a algunos momentos de debilidad es considerable (o que no sepas orientarte bien hacia la clase de operaciones que puedan sacarle partido a tus fortalezas).

La evaluación mensual de tu(s) *set-up*(s) es imprescindible (aunque una vez más, la frecuencia también depende bastante de lo activo que seas como operador). ¿Qué *set-ups* han funcionado mejor (y por qué) y cuáles lo han hecho peor? Comprueba su VEP para entenderlo rápidamente. También debes examinar con detenimiento tu estrategia de salida y el tamaño de tu posición por lo menos una vez al mes. Irás aprendiendo según avances, por lo que es muy posible —e incluso seguro— que dichas evaluaciones te lleven a realizar importantes ajustes.

REGISTRO DE OPERACIONES

La mayoría de las plataformas de comercio llevan un registro automatizado de las operaciones por ti. Te muestran cuándo abriste una operación, por qué par de divisas, si la posición era en largo o en corto, el tamaño del lote y el resultado de la misma.

Aun así, guardar tus propios registros de operaciones sigue siendo una idea inteligente. No solo porque esto te permitirá añadir algunos detalles más sobre cada operación —por ejemplo, acerca del *set-up* y el disparador en concreto que abrieron la posición—, sino porque también hará que seas más consciente de las razones por las cuales abriste la posición.

Ejemplo de registro de operación

* Largo EUR/USD @ 1,4755
* *Stop/loss*: 1,4738 (la oscilación mínima para el rango intradiario es de 1,4742)
* *Target* 1: 1,4780 (nivel de resistencia débil)
* *Target* 2: 1,4810 (nivel de resistencia fuerte)
* Razón: posible ruptura del rango intradiario
* Resultado...

Esta no es la única manera de guardar un registro de las operaciones, pues es posible que quieras añadir más información, o menos, o una información diferente. La cuestión es que un registro de las operaciones realizado por ti mismo te puede dar más información que los registros automatizados, lo que a su vez te podría ayudar a evaluar tu sistema de operaciones de un modo más específico.

CAPÍTULO 27 LA PSICOLOGÍA EN LAS OPERACIONES

La línea que separa la posibilidad de ganar de la de perder es a menudo muy estrecha. Esto es así tanto en la vida, como en los deportes o en el comercio en los mercados financieros. ¿Cuántos partidos de tenis legendarios se decidieron por tan solo un par de puntos? ¿Y cuántos partidos de fútbol por un solo momento de peligro, a veces contra todo pronóstico?

En el comercio no es diferente. Tendrás operaciones perdedoras, como todo el mundo. La diferencia entre los operadores que ganan y los que pierden a menudo reside en ese par de operaciones perdedoras que podían haber sido evitadas, en esa operación ganadora que no se aprovechó, en una *profit target* demasiado baja o *stop loss* demasiado lejana.

Cuanto más enfocados hacia lo técnico estén los operadores, más tenderán a decir que las emociones no afectan a su juego. Después de todo, tienen un sistema de operaciones que se basa en indicadores técnicos, *set-ups, stops* y una estrategia de salida; todo queda cerrado desde el principio, por lo que no hay lugar para las emociones.

Y sin embargo, al final del día, tú eres el que va a cambiar los parámetros de ese sistema completamente automatizado. Puedes cambiar el sistema o elegir otro sistema. ¿Qué harías si tu sistema pierde el 35% de tu capital de operaciones en un breve periodo? ¿Y qué ocurriría si de repente pone una operación perdedora diez veces seguidas? ¿Serían tus ajustes al sistema de operaciones automático igual de automáticos? ¿O quizás se verían influenciados por tus emociones aunque solo sea un poco?

Construir una buena defensa empieza por reconocer la amenaza. Quizás en realidad tú tengas menos tendencia que otros a tomar decisiones emocionales, pero pasar por alto un factor de riesgo conocido por casi todos, sería un descuido demasiado grande.

Hay razones grandes y pequeñas para NO operar en los mercados financieros. A continuación veremos las más importantes.

CUÁNDO NO DEBES OPERAR

1. Cuando no tengas tiempo para tomar una buena decisión. Estos son los momentos en los que corres el riesgo de tratar tus *set-ups* de la misma manera en la que la gente trata a las piezas del puzle que no encajan; insertándolas por la fuerza. Puede parecer correcto al principio, pero casi nunca termina bien.
2. Cuando estás cansado, borracho o peor. Es posible que tengas todo el tiempo del mundo, pero desafortunadamente, tu cerebro habrá perdido su capacidad temporalmente.

3. Cuando eres un operador intuitivo. Quizás tengas un sentido especialmente bueno para detectar las evoluciones de los precios cuando estudias los gráficos y las noticias económicas importantes, pero hoy o esta semana no 'lo' sientas. No te preocupes, tan solo tómate un par de días libres y no operes.
4. Cuando las pérdidas recientes y constantes te estén preocupando.
5. Cuando te falte concentración, sin importar la razón.

CUÁNDO NO DEBES OPERAR DURANTE UN POCO MÁS DE TIEMPO

1. 1. Cuando acabes de empezar en un trabajo nuevo.
2. Cuando acabes de tener un bebé.
3. Cuando acabes de romper una relación y te sientas todavía disgustado por ello.
4. Cuando te sientas sin ánimo, aunque (aún) no sepas por qué.
5. Cuando tengas preocupaciones financieras.

ESTRATEGIA PARA LA PEOR SITUACIÓN POSIBLE

Nadie quiere pensar en los desastres y, cuando acabas de empezar como operador con un capital de operaciones todavía pequeño, no debes pasar mucho tiempo preocupándote por esta parte de tu sistema de operaciones. Sin embargo, en algún momento tendrás que lidiar con un capital de operaciones mucho mayor y tendrás que dedicarle algunas reflexiones a este aspecto (preferiblemente antes de que la peor situación posible tenga lugar y te destruya).

La razón es obvia: la peor situación posible es, por definición, un desastre. Por lo tanto, si nunca te has preparado mentalmente para ello, te golpeará con más fuerza y te llevará más tiempo recuperarte.

Ejemplos de la peor situación posible

A continuación veremos algunos escenarios posibles. No todos son igual de probables, pero la cuestión es pasar algún tiempo pensando en situaciones que puedan hacer que operar sea difícil, cuando no imposible.

Situación 1: Pérdidas drásticas

Has tenido éxito operando en el mercado Forex durante un tiempo. Tu capital de operaciones inicial ha aumentado de 500 a 10.000 dólares en poco más de un año. De repente, en el transcurso de dos meses, sufres unas pérdidas considerables. Parece que todo ha dejado de funcionar. Pensabas que tenías un sistema fiable, pero durante los últimos dos meses has perdido 6.000 dólares, un abrumador 60% de tu capital de operaciones. ¿Y ahora qué?

Situación 2: Novia/novio 1ª parte

Lo mismo que en la situación 1, solo que esta vez la razón de la desaparición de tu capital de operaciones es que tu novio o novia —con quien habías estado viviendo durante dos años— ha perdido su trabajo. Por si esto fuera poco, tu coche también se ha averiado. Tu pareja dice que no hay más alternativa que utilizar tu capital de operaciones. ¿Qué puedes hacer?

Situación 3: Se acabó el Forex

Lo que nadie pensaba que iba a ocurrir al final ocurre: se reinstaura el patrón oro y todas las divisas mayores quedan conectadas al oro otra vez. Esto significa que ya no habrá más divisas de libre flotación, lo que terminará con el Forex de un modo efectivo.

Situación 4: Un gobierno atroz

El gobierno decide disuadir a los pequeños especuladores individuales de que comercien en el mercado Forex. Como prohibirlo por completo no es opción, se implementa una ley que grave los primeros 50.000 dólares de beneficio anual en el Forex con un 75%. Te ha ido bastante bien estos últimos años, en los que te has embolsado 35.000 dólares por cada año que has operado en el Forex. Esta ley te va a arruinar en la práctica. ¿Qué puedes hacer?

Situación 5: La regla *uptick*

Debido al gran incremento de operadores especulativos en el mercado Forex durante los dos últimos años, los Estados Unidos y la UE han decidido (en nuestra situación hipotética) que el mercado de divisas necesita más regulación. Con este fin, se crea la Autoridad Supervisora Lateral del Forex o FLOAT (por las siglas en inglés de *Forex Lateral Overseeing Authority*), la cual impone la regla uptick para el Forex. Es una regla que ya existe en algunos mercados de valores y que los operadores especulativos odian profundamente. Esta establece que solo puedes ir en corto tras un uptick, o en otras palabras, que solo puedes ir en corto después de que el precio haya subido por lo menos un punto. Como resultado, muchos operadores se ven forzados a permanecer al margen cuando los precios desciendan rápidamente y no haya un retroceso.

Eres un *scalper* de Forex que prefiere ir en corto —al igual que hay operadores que prefieren ir en largo, a ti te encanta ver los precios caer—, por lo que esta medida te afectará considerablemente. ¿Qué puedes hacer?

Situación 6: Novia/Novio Parte II

Estás enganchado al comercio en el Forex por completo. No es que tengas 'un problema' o algo así, porque te embolsas una media de 30.000 dólares al mes. Sin embargo, dado que te mantienes pegado a tus cuatro pantallas noche tras noche, tu novia o novio sí que lo tiene. Entonces él o ella te da un ultimatum: o se van los gráficos de velas, o me voy yo. ¿Qué puedes hacer?

CONSEJO DE PEOR SITUACIÓN POSIBLE PARA OPERADORES PRINCIPIANTES

Para un operador principiante realmente solo hay una auténtica peor situación posible: perder tu capital de operaciones.

Con un depósito inicial de 500 dólares o menos, hay bastantes posibilidades de que ocurra esto. Aunque esto podría hacer que te sientas fatal, ten en cuenta que Roma tampoco se construyó en un día. Convertirse en un operador de éxito toma tiempo y cuesta algún dinero. Como norma general, parece que esto es más difícil de aceptar para los europeos que para los americanos, que posiblemente estén más preparados para tomar algunos riesgos y subirse al caballo otra vez después de haberse caído.

Esto no significa que tengas que depositar otros 500 dólares tras haber perdido tu primer capital de operaciones. Por el contrario, probablemente sea mejor que quites el pie del acelerador por un tiempo. Haz una evaluación de tus operaciones y de tu sistema de operaciones. Con suerte, habrás guardado un registro de tus operaciones, pero si no es así, muchas plataformas de operaciones ofrecen un historial de tus operaciones y tu sistema de operaciones. Sin duda descubrirás que un gran número de fugas, siendo el no seguir tu propio sistema de operaciones, un factor predominante de las mismas. Habrá algunos ajustes que puedas hacer para ayudarte a acabar con esas fugas.

A continuación, súbete de nuevo al caballo de madera (es decir, juega con tu dinero ficticio/cuenta de prueba) antes de volver a la vida real y montarte en el pura sangre que te expulsó de un modo tan cruel con anterioridad. Sigue leyendo, estudiando y practicando con tu cuenta de dinero ficticio y tu nuevo sistema que, con suerte, habrá mejorado. Esto te devolverá la confianza para volverte a montar en ese hermoso caballo negro de nuevo en uno o dos meses. Porque, sinceramente, ¿hay algo más hermoso...?

El final del principio

Ahora que has llegado tan lejos —y no esperaba menos de un principiante ambicioso como tú— puedes sentirme más seguro acerca de tu habilidad para operar en el mercado Forex. Has aprendido sobre los factores fundamentales que tienen influencia en el mercado Forex, los antecedentes de las divisas más relevantes, el análisis técnico y cómo usar algunos de los indicadores técnicos más importantes. Hemos echado un vistazo a las estrategias de operación más populares, a cómo construir tu propio sistema de operaciones, a la gestión del dinero y a la psicología a la hora de operar.

De ahora en adelante, no tendrás excusas para cometer errores que tengan que ver con una gestión del dinero deficiente, operar cuando no estés en tu mejor momento o utilizar estrategias de operaciones que no se adapten a tu personalidad.

Evidentemente, este no es el final de tu formación como operador. No es ni siquiera el principio del final, pero quizás sí el final del principio (parafraseando a un legendario orador). Para obtener una lista de otros libros buenos sobre el mercado Forex, información sobre brókers de Forex y otras preguntas que te puedan surgir sobre este libro o tu estrategia de Forex visita: www.forexinfo.es

Y ahora, como test final para saber cuántos conocimientos nuevos sobre el Forex has adquirido, ¡toma la prueba de Forex!

PRUEBA DE FOREX

A continuación encontrarás una prueba con 60 preguntas. Vienen de todas las partes del libro y van de muy fáciles a muy difíciles. Las respuestas de la prueba vienen al final del libro, así como las explicaciones. También hay una guía de puntuación para que te hagas a una idea de lo bien que lo has hecho.

¿Tienes preguntas acerca de la prueba? Puedes hacer consultas en el foro de *www.forexinfo.es*. Además, se irán añadiendo nuevos problemas sobre el mercado Forex regularmente en el sitio.

SOBRE LA 1ª PARTE: ¿CÓMO FUNCIONA EL MERCADO FOREX?

PREGUNTA 1 ¿QUÉ ES EL LLAMADO "PATRÓN ORO"?
A. El escudo familiar de Luis XIV, "el Rey Sol" y primer operador de Forex. Su bandera, "el patrón oro" fue adoptada como bandera no oficial del mercado Forex.
B. Expresar el valor de una moneda en un peso fijo en oro.
C. Expresar el valor de una moneda en dólares americanos.
D. 0,618, el número mágico de la sucesión de Fibonacci.

PREGUNTA 2 ¿A QUÉ MONEDA SE LLAMA "LA" MONEDA DE RESERVA MUNDIAL?
A. El dólar americano.
B. El euro.
C. El yuan chino.
D. El DEG, la divisa del FMI, que está formada por la media ponderada de las seis divisas más importantes.

PREGUNTA 3 ¿DÓNDE SE ENCUENTRA UBICADO EL MERCADO FOREX?
A. Fráncfort.
B. Londres.
C. Nueva York.
D. En ningún lugar.

PREGUNTA 4 ¿CUÁNDO ESTÁ ABIERTO EL MERCADO FOREX?
A. 5 días a la semana, 12 horas al día.
B. 5 días a la semana, 24 horas al día.
C. De lunes a jueves, 24 horas al día.
D. Siempre.

PREGUNTA 5 ¿QUIÉN REGULA EL MERCADO FOREX?
A. la Asociación Nacional de Futuros (NFA).
B. La Autoridad de Servicios Financieros (FSA).
C. El Fondo de Redistribución Marxista (MRF).
D. No hay ninguna autoridad central reguladora para el mercado Forex.

PREGUNTA 6 QUIERES ESPECULAR CON EL ASCENSO DEL YEN JAPONÉS FRENTE EL DÓLAR ESTADOUNIDENSE. ¿QUÉ DEBERÍAS HACER?

A. Ir en largo con el yen, lo que significa vender el USD/JPY.
B. Ir en corto con el yen, lo que significa comprar el USD/JPY.
3. Ir en largo con el dólar.
4. Tanto A como C.

PREGUNTA 7 ¿QUÉ ES EL "SPREAD"?

A. El Sándwich Spread Original de Heinz, al que se suele llamar simplemente "El Spread ''.
B. La diferencia entre el precio de venta y el de compra de una divisa.
C. La diferencia entre una stop loss y una profit target.
D. Una película policial erótica de los años ochenta.

PREGUNTA 8 ¿QUÉ SON LAS DIVISAS CRUZADAS?

A. Los pares de divisas que no incluyen al dólar americano.
B. Las divisas que se cotizan frente a otra divisa.
C. Las divisas que se cotizan frente a otras tres divisas.
D. Las divisas de países cristianos, como los Estados Unidos, o el Reino Unido.

PREGUNTA 9 ¿QUÉ ES UN *PIP*?

A. Dos operaciones perdedoras consecutivas.
B. La unidad de medida más pequeña del precio de un par de divisas, que suele ser la cuarta cifra tras la coma decimal.
C. La palabra de la jerga de los operadores que se utiliza para "efectivo".
D. Un nivel de precio que un par de divisas tiene problemas para romper.

SOBRE LA 2ª PARTE: OPERAR EN EL MERCADO FOREX TÚ MISMO

PREGUNTA 10 ¿CUÁL ES UNA BUENA REGLA GENERAL PARA UNA GESTIÓN FIRME DEL DINERO?

A. No arriesgar nunca más del 10% de tu capital de operaciones.
B. No arriesgar nunca más del 20% de tu capital de operaciones.
C. Tener al menos 10 veces el capital de operaciones que se necesita para producir 1 operación ganadora como promedio.
D. Tener al menos 20 veces el capital de operaciones que se necesita para producir 1 operación ganadora como promedio.

PREGUNTA 11 ¿CUÁL SERÍA UN RETORNO SOBRE LA INVERSIÓN REALISTA EN EL MERCADO FOREX?

A. Un retorno sobre la inversión de un 35% anual.
B. Depende de tu sistema de operaciones.

C. Un retorno sobre la inversión de entre un 8 y un 10% anual.

D. Un Ferrari, un yate y una villa anuales.

Pregunta 12 ¿Es mejor empezar con una cuenta de prueba o con una real?

A. Cuenta de prueba.

B. Cuenta real.

C. Ambas.

SOBRE LA 3ª PARTE: COMPRENDER Y PREDECIR LOS MOVIMIENTOS DE LOS PRECIOS

Pregunta 13 ¿Qué es el análisis fundamental?

A. A.Explotar en medio de una plaza popular cuando los demás no estén de acuerdo con tu análisis.

B. B.El análisis basado en unas convicciones fijas.

C. C.Analizar los factores que tienen influencia sobre la economía, como la capacidad de producción, la confianza de los consumidores, el empleo, etc.

D. D.Estudiar la evolución del precio en el pasado para que te ayude a predecir la evolución del precio en el futuro.

Pregunta 14 La Reserva Federal (Fed) anuncia que va a subir los tipos de interés un 0,25%. Los analistas no esperaban esta subida de tipos. ¿Qué es lo que ocurrirá probablemente con el dólar ahora?

A. A. Caerá

B. B. Nada. El tipo de interés de la Reserva Federal no tiene nada que ver con la evolución del dólar.

C. C. Es imposible de predecir. En el caso de que se produzca una subida de tipos inesperada, las posibilidades de que suba el dólar son del 50%.

D. D. Subirá.

Pregunta 15. En su rueda de prensa mensual, el presidente del BCE dice que la inflación en la eurozona ha sido mayor de lo que se esperaba con un dato de un 2,8%. Añade que la cifra es superior al objetivo de inflación que estaba fijado entre un 0,5 y un 2%. ¿Qué significa esto, si es que tiene algún significado?

A. A.Es una señal de que el BCE podría subir los tipos de interés pronto. El euro probablemente subirá.

B. B.Es una señal de que el BCE podría bajar los tipos de interés pronto. El euro probablemente bajará.

C. C.La inflación no es un factor importante para la política del BCE. Por lo tanto, lo más probable es que no ocurra nada.

D. D.El BCE normalmente solo actúa cuando la inflación se mantiene por encima del 5% durante un periodo de 12 meses o más. Por lo tanto, lo más probable es que no ocurra nada.

PREGUNTA 16. EL MINISTERIO DE ECONOMÍA Y FINANZAS DE JAPÓN ANUNCIA QUE VA A ESTIMULAR LA ECONOMÍA INYECTANDO MÁS LIQUIDEZ EN EL SISTEMA MONETARIO. ¿EL YEN SUBIRÁ O CAERÁ? ¿Y POR QUÉ LO HARÁ?

A. Caerá, porque si se añade más dinero al sistema monetario el yen tendrá menos valor.

B. Subirá, porque si se añade más dinero al sistema monetario el yen tendrá más valor.

C. Caerá, porque los operadores perderán la fe en la economía japonesa.

D. Subirá, porque los operadores esperan que la medida tenga éxito a la hora de estimular la economía.

PREGUNTA 17 EL EMPLEO EN ALEMANIA HA DESCENDIDO INESPERADAMENTE. ¿PODRÍA ESTO TENER UN IMPACTO EN LA EVOLUCIÓN DEL PRECIO DEL EURO?

A. No, Alemania es solo una de las 12 naciones que participan en el euro.

B. Hay un 50% de posibilidades de que tenga un efecto.

C. Sí, porque la economía alemana es la mayor de Europa con mucha diferencia.

D. No, las cifras de empleo no tienen ninguna relación con el mercado Forex.

PREGUNTA 18 LAS VENTAS DE VIVIENDAS DE SEGUNDA MANO HAN AUMENTADO CONSIDERABLEMENTE DURANTE EL MES PASADO EN LOS ESTADOS UNIDOS. ¿ES ESTO BUENO O MALO PARA EL DÓLAR?

A. Bueno. El aumento de las ventas de viviendas indica que hay confianza en la economía. La economía también se ve estimulada por una mayor actividad en la construcción y renovación de viviendas.

B. Malo. Cuando los estadounidenses venden sus casas normalmente se debe a que tienen que mudarse un motel barato.

C. Las cifras sobre las ventas de viviendas de segunda mano no tienen ningún impacto en absoluto sobre la evolución del precio del dólar.

D. Malo. Para comprar una vivienda en los Estados Unidos tienes que pagar en dólares. Cuantos más dólares se gasten, mayores serán las posibilidades que el valor del dólar descienda.

PREGUNTA 19 ¿QUÉ ES EL ANÁLISIS TÉCNICO?

A. Analizar los factores que tienen un impacto sobre la economía real, como la capacidad de producción, la confianza de los consumidores, las cifras de empleo, etc.

B. Estudiar las evoluciones del precio en el pasado para que nos ayuden a predecir las evoluciones de los precios en el futuro.

C. Estudiar operaciones del pasado y basar tus predicciones acerca de tu retorno sobre la inversión anual en ellas.

Pregunta 20 Cita el nombre de tres patrones de gráficos de velas

A. La Serpiente, el Teriyaki y el Sashimi.

B. El Harakiri, el Banzai y el Zero.

C. Los Tres Soldados Blancos, el Harami y la Cubierta de Nube Oscura.

Pregunta 21 ¿Qué suele ocurrirle al precio después de que aparezca un Doble Techo en el gráfico?

A. Desciende, porque queda claro que la tendencia ascendente no tiene la fuerza suficiente.

B. Avanza, porque un movimiento en el precio se vuelve más fuerte al intentar romper una resistencia.

C. Alcanza el mismo techo por tercera vez.

D. La evolución del precio a menudo se ralentiza hasta moverse tan solo un par de *pips* por hora.

Pregunta 22 ¿Qué suele ocurrir con la evolución del precio al final de un patrón Hombro-cabeza-hombro?

A. Desciende, porque el segundo hombro demuestra que los alcistas están perdiendo fuerza.

B. Avanza, porque el segundo hombro es una señal de que los alcistas están reuniendo fuerzas para intentarlo de nuevo, lo que a menudo tiene éxito.

C. La evolución del precio a menudo describe una figura sonriente tras un patrón de Hombro-cabeza-hombro, pues disminuye hasta alcanzar la forma de un martillo.

D. A un modelo de Hombro-cabeza-hombro le suele seguir un tercer hombro.

Pregunta 23 ¿Qué estrategia sería buena cuando se está formando un triángulo?

A. Colocar dos órdenes de entrada, una ligeramente por encima de la línea de resistencia que está cayendo y la otra ligeramente por debajo de la línea de soporte ascendente.

B. Esperar por la ruptura.

C. Poner una orden de compra.

D. Poner una orden de venta.

Pregunta 24 ¿Cuál es la idea que encierra el concepto de soporte y resistencia?

A. Que algunos niveles de precios son más difíciles de romper que los niveles de precios "normales".

B. Que ciertas relaciones numéricas que se pueden encontrar en la naturaleza también tienen un impacto en las evoluciones de los precios de los mercados financieros. La longitud de una tendencia se ve limitada por estas relaciones numéricas especiales, con el nivel de precio llamado "resistencia" en la parte superior de la tendencia y el "soporte" en la inferior.

C. El soporte y la resistencia son las dos Bandas de Bollinger opuestas.

Pregunta 25 Cuanto más corto sea el marco temporal de un gráfico de velas, más fuertes serán su resistencia y soporte.
A. Verdadero.
B. Falso.

Pregunta 26 Cuanto más a menudo resista un ataque un nivel de resistencia/soporte, más fuerte se vuelve.
A. Verdadero.
B. Falso.

Pregunta 27 ¿Qué es una media móvil simple?
A. La suma de un cierto número de precios de cierre, dividida por ese número.
B. La suma de un cierto número de precios de cierre, dividida por ese número, pero dándole más peso a los precios de cierre más recientes.
C. La media de los precios medios.
D. Un medio poco fiable de medir el precio medio, razón por la cual se conoce como "simple".

Pregunta 28 ¿Qué significa que el precio esté por encima de la SMA?
A. Que el precio está en una tendencia bajista.
B. Que el precio está en una tendencia alcista.
C. No significa nada (y esa es una de las razones por las que se considera un sistema de medición poco fiable).

Pregunta 29 ¿Qué son los sistemas de cruces de medias móviles?
A. *Set-ups* que se basan en situaciones en las que se cruzan varias MAs.
B. Medias móviles que se crean por la combinación de varias medias móviles que se cruzan las unas con las otras.
C. Sistemas de operaciones basados en medias móviles que se parecen mucho a las Bandas de Bollinger, otro indicador técnico, y de ahí es de donde viene el término de "cruce".

Pregunta 30 ¿Cuál es la mayor fortaleza del índice de fuerza relativa?
A. Filtra el ruido del Mercado, porque muestra la fortaleza relativa de una tendencia.
B. Muestra la fortaleza de un nivel de resistencia/soporte en particular.
C. Que puedes utilizarlo como herramienta para operar en rangos.
D. Muestra dónde es probable que tenga lugar la corrección.

PREGUNTA 31 ¿EN QUÉ SE BASA EL USO DE LA SUCESIÓN DE FIBONACCI EN EL COMERCIO FOREX?

A. En nada.
B. n la fórmula = F(N-1) + F(n-2)
C. En el número áureo.

SOBRE LA 4ª PARTE: ESTRATEGIAS PARA OPERAR EN EL MERCADO FOREX

PREGUNTA 32 LOS PRECIOS SE MUEVEN EN RANGOS MÁS A MENUDO QUE EN TENDENCIAS

A. Verdadero.
B. Falso.

PREGUNTA 33 ¿QUÉ ES UNA CORRECCIÓN?

A. Una técnica a través de la cual el operador trata de averiguar cómo ha progresado su sistema de operaciones.
B. El retroceso parcial de un precio después un aumento o descenso significativo.
C. Un *set-up* que trata de repetir o copiar una operación con un par de divisas en otro par de divisas.
D. Una ruptura de la evolución del precio.

PREGUNTA 34 ¿POR QUÉ OPERAR CON TENDENCIAS NO ES PARA TODO EL MUNDO?

A. Porque se necesita tener un elevado capital de operaciones.
B. Porque es un estilo de operar bastante complicado, que resulta muy difícil para principiantes, por ejemplo.
C. Porque a menudo es demasiado difícil reconocer una tendencia.
D. Porque normalmente equivale a aceptar un montón de pequeñas pérdidas para producir una gran operación ganadora y no todo el mundo puede aceptar esto.

PREGUNTA 35 ¿CUÁNDO ES EL MEJOR MOMENTO PARA OPERAR EN RANGOS?

A. Cuando tienes mucho capital de operaciones.
B. Durante la sesión europea.
C. Cuando el mercado está relativamente tranquilo.
D. El sábado.

PREGUNTA 36 CUANTO MÁS MUTUAMENTE DEPENDIENTES SON DOS DIVISAS, MÁS EN RANGOS SE MUEVE SU PAR DE DIVISAS.

A. Verdadero.
B. Falso.

PREGUNTA 37 ¿QUÉ INDICADOR TÉCNICO FUNCIONA MEJOR A LA HORA DE RECONOCER UNA POSIBLE OPERACIÓN EN RANGOS?
A. El RSI.
B. B. Las medias móviles exponenciales.
C. Las medias móviles simples.
D. Las Bandas de Bollinger.

PREGUNTA 38 ¿QUÉ ES LO QUE NUNCA DEBES HACER TRAS HABER CONFIGURADO UNA OPERACIÓN EN RANGOS?
A. Perseguir una ruptura una vez que se haya activado tu *stop* loss.
B. Utilizar *stop losses* demasiado ajustadas.
C. Perder de vista la evolución actual del precio.
D. Poner una operación en tendencias con otro par de divisas.

PREGUNTA 39 ¿QUÉ ES EL *SCALPING*?
A. La tradición entre los operadores de Forex que consiste en afeitarse sus cabezas si terminan el año con un retorno sobre la inversión negativo.
B. Una estrategia a través de la cual se hace uso de todo el capital de operaciones en una operación única y la posición se cierra tan pronto como el beneficio dobla al *spread.*
C. "Crecer" gradualmente dentro de una posición con vistas a limitar el riesgo de exposición.
D. Mantener las posiciones abiertas solo durante un periodo muy breve para recoger rápidamente los pequeños beneficios.

PREGUNTA 40 ¿SE PUEDE CONSIDERAR AL *SCALPING* UNA BUENA ESTRATEGIA PARA OPERADORES PRINCIPIANTES?
A. No, porque precisa de mucha disciplina y tolerancia al estrés.
B. Sí, porque no requiere de ninguna estrategia real, sino de un buen cálculo del tiempo.
C. Sí, porque solo se involucran pequeñas cantidades de dinero.
D. No, porque se necesitan grandes cantidades de dinero.

PREGUNTA 41 ¿QUÉ SON LAS OPERACIONES DE RUPTURAS?
A. Empezar con un sistema de operaciones nuevo.
B. Abrir una posición justo cuando el precio rompe un nivel de resistencia/soporte.
C. Abrir una posición en medio de una inversión de tendencia.
D. Operar sin una estrategia preconcebida.

PREGUNTA 42 ¿QUÉ ES UN DESVANECIMIENTO DE LA RUPTURA?
A. Abrir una posición cuando parezca que la ruptura esté fracasando.
B. Abrir una posición cuando la ruptura se transforma en una tendencia normal y firme.

C. Abrir una posición cuando la ruptura termina y el precio regresa a donde estaba al inicio de la ruptura.

D. Cerrar una posición que estaba basada en una ruptura.

PREGUNTA 43 EL DESVANECIMIENTO DE RUPTURA SE PLANTEA PRINCIPALMENTE COMO UNA ESTRATEGIA A LARGO PLAZO.

A. Verdadero.

B. Falso.

PREGUNTA 44 ¿CÓMO FUNCIONA EL *CARRY TRADE*?

A. Compras una moneda que tenga un interés bajo y vendes una moneda con un interés alto.

B. Vendes una moneda que tenga un interés bajo y compras una moneda con un interés bajo.

PREGUNTA 45 A CONTINUACIÓN TENEMOS EL GRÁFICO DE VELAS DEL EUR/USD JUSTO DESPUÉS DE QUE SE HAYAN PUBLICADO LAS CIFRAS DE EMPLEO NO AGRÍCOLA, LAS CUALES INDICAN QUE EL EMPLEO HA SUBIDO MÁS DE LO ESPERADO. ¿ES ESTE UN BUEN MOMENTO PARA ENTRAR EN EL EUR/USD?

A. Sí, hay una tendencia bajista clara.

B. No. Aunque el precio esté cayendo, el periodo es demasiado corto como para hablar de una tendencia, lo que hace que sea muy difícil predecir una entrada exitosa.

C. Nunca es aconsejable colocar posiciones durante esta clase de eventos.

D. Es mejor esperar. Si la tendencia sigue en su lugar después de una hora, podría ser interesante entrar.

Operar con las noticias

SOBRE LA 5ª PARTE: CÓMO CONVERTIRSE EN UN OPERADOR DE FOREX DE ÉXITO

PREGUNTA 46 ¿POR QUÉ LA MAYORÍA DE LOS OPERADORES PRINCIPIANTES PIERDEN DINERO EN EL MERCADO FOREX?

A.   A. Porque no tienen un plan de operaciones.

B.   B. Porque carecen de unas expectativas realistas.

C.   C. Porque no están dispuestos a invertir tiempo y dinero.

D.   D. Todas las anteriores son correctas.

PREGUNTA 47 ¿ES LA AUTOEVALUACIÓN IMPORTANTE CUANDO QUIERES APRENDER A OPERAR?

A.   A. No, no lo es cuando tienes una buena estrategia de operaciones.

B.   B. Sí, para ayudarte a encontrar el sistema de operaciones más apropiado para ti.

C.   C. No lo es cuando tienes planeado utilizar sistemas de operaciones automatizados.

PREGUNTA 48 ¿QUÉ ES UN *SET-UP*?

A.   A. Un conjunto de condiciones que se tienen que cumplir antes de que se abra una posición.

B.   B. Todos los sistemas de operaciones que utilizan las Bandas de Bollinger.

C.   C. Una operación que se vuelve en tu contra justo antes de alcanzar tu *profit target*.

D.   D. Una operación con una *profit target* ajustada.

PREGUNTA 49 ¿QUÉ ES MÁS IMPORTANTE, UNA BUENA ESTRATEGIA DE SALIDA O UNA BUENA ESTRATEGIA DE ENTRADA?

A.   A. Ambas son igual de importantes.

B.   B. Una buena estrategia de salida.

C.   C. Una buena estrategia de entrada.

PREGUNTA 50 CALCULAR EL TAMAÑO DE LA POSICIÓN NO TIENE NADA QUE VER CON LA PROPORCIÓN DE RIESGO/RECOMPENSA.

A.   A. Verdadero.

B.   B. Falso.

PREGUNTA 51 ¿CUÁL ES UNO DE LOS OBJETIVOS MÁS IMPORTANTES DEL CÁLCULO DEL TAMAÑO DE LA POSICIÓN?

A.   A. Maximizar los beneficios.

B.   B. Minimizar el riesgo de quiebra.

C.   C. Poner todas las operaciones que sean posibles al mismo tiempo.

D.   D. Hacer un uso óptimo de tu capital de operaciones.

PREGUNTA 52 EL OPERADOR X TIENE UN CAPITAL DE OPERACIONES DE 500$ Y ARRIESGA 75$ POR OPERACIÓN. ACABA DE EMPEZAR A OPERAR EN EL FOREX Y ESPERA QUE SU ESTRATEGIA DE OPERACIONES LE GENERE UNA OPERACIÓN GANADORA EL 60% DE LAS VECES. CALCULA EL TAMAÑO DE SU POSICIÓN Y DECIDE SI ES EL ADECUADO O DEMASIADO ARRIESGADO.

- A. A. El tamaño de su posición es de un 15%, pero es demasiado arriesgado, debería ser de un 6%.
- B. B. El tamaño de su posición es de un 15%, que es aproximadamente el tamaño correcto para una posición.
- C. C. El tamaño de su posición es de un 6%, que es aproximadamente el tamaño correcto para una posición.
- D. D. No hay datos suficientes para calcular el tamaño de la posición.

PREGUNTA 53 SI UN OPERADOR TIENE UN VALOR ESPERADO DE 5,6$ POR POSICIÓN ABIERTA Y ARRIESGA 24$ POR POSICIÓN, ¿CUÁL SERÍA SU VALOR ESPERADO EXPRESADO EN EL TAMAÑO DE LA POSICIÓN (EVP)?

- A. A. 5,6$.
- B. B. 23 céntimos de dólar.
- C. C. 46 céntimos de dólar.
- D. D. No hay datos suficientes para calcular el tamaño de la posición.

PREGUNTA 54 UNA BUENA REGLA GENERAL PARA EL TAMAÑO MÁXIMO DE LA POSICIÓN SERÍA:

- A. A. 1/5 del capital de operaciones total.
- B. B. 1/10 del capital de operaciones total.
- C. C. 1/10 del porcentaje total de operaciones ganadoras.
- D. D. 1/100 de tu capital de operaciones total.

PREGUNTA 55 ¿HAY SITUACIONES DURANTE LAS CUALES NO DEBERÍAS OPERAR?

- A. A. Hay varias situaciones durante las cuales no deberías operar.
- B. B. Sí, las hay para operadores principiantes, pero los operadores experimentados deben ser capaces de operar en todas las circunstancias.
- C. C. Eso depende de tu sistema de operaciones.

PREGUNTA 56 LEER LIBROS Y ARTÍCULOS SOBRE EL FOREX Y PRACTICAR MUCHO NO ES TAN IMPORTANTE, PORQUE LOS MEJORES OPERADORES DE FOREX —ESOS QUE YA HAN GANADO MILLONES OPERANDO EN EL MERCADO FOREX ONLINE— ACTÚAN FUNDAMENTALMENTE EN BASE AL INSTINTO.

- A. A. Falso.
- B. B. Verdadero.
- C. C. Quizás.

Pregunta 57 Un operador exitoso puede cerrar todas las operaciones con beneficios.
A.   A. Verdadero.
B.   B. Falso.

PREGUNTAS EXTRA

Pregunta 58 Eres un operador principiante y has puesto una posición para especular con la subida del euro. Has colocado tu *stop loss* a 30 *pips*. Después de alrededor de una media hora la operación se acerca mucho a tu *stop loss*, pero tienes la sensación de que el precio todavía se va a dar la vuelta en tu dirección. ¿Qué harías?
A.   A.Un operador exitoso opera en base al instinto. Escucharías a tu intuición y moverías esa *stop loss* hacia abajo para que la operación tenga más espacio.
B.   B.Mirarías a ver si hay noticias que apoyen a tu predicción. Si es así, moverías hacia arriba la *stop loss*. Si no, moverías la *stop loss* solo si la corazonada persiste.
C.   C.Nada.
D.   D.Abrirías una segunda operación con el mismo *target* que la primera. Dejarías intacta la *stop loss* de la primera operación.

Pregunta 59 Eres un operador intradiario y tienes un día complicado. Has abierto seis operaciones antes y las seis han sido cerradas a la fuerza. Estás bastante frustrado. ¿Qué haces?
A.   A. Te armas de valor y abres otras seis operaciones nuevas.
B.   B. Te armas de valor, abres otras seis operaciones nuevas y les das más espacio que a las seis anteriores (pondrías tus *stop loss* aún más lejos).
C.   C. Lo dejas todo por hoy.

Pregunta 60. Eres un operador intradiario. Hace una hora abriste una posición en base a un buen análisis, pero hasta ahora no ha ocurrido casi nada. El precio ascendió un poco, bajó un poco, luego subió un poco otra vez, etc. Ni siquiera se ha acercado a tu *stop loss* o a tu *profit target*. ¿Qué haces?
A.   A. Cierro la posición y lo dejo todo por hoy.
B.   B. Nada.
C.   C. Cierro la posición y busco un terreno más fértil.

APÉNDICE I

Respuestas de la prueba

1	B	21	A	41	B
2	A	22	A	42	C
3	D	23	A	43	B
4	B	24	A	44	B
5	D	25	B	45	A
6	A	26	A	46	D
7	B	27	A	47	B
8	A	28	B	48	A
9	B	29	A	49	B
10	C	30	A	50	B
11	B	31	A	51	B
12	C	32	A	52	A
13	C	33	B	53	B
14	D	34	D	54	C
15	A	35	C	55	A
16	A	36	A	56	A
17	C	37	D	57	B
18	A	38	A	58	C
19	B	39	D	59	C
20	C	40	A	60	B

Explicación de las respuestas para la prueba de Forex

A continuación tienes las respuestas de la prueba y su explicación. ¿Todavía te queda alguna pregunta? Visita *www.forexinfo.es*

SOBRE LA 1ª PARTE: ¿CÓMO FUNCIONA EL MERCADO FOREX?

PREGUNTA 1 ¿QUÉ ES EL LLAMADO "PATRÓN ORO"?

A. *El escudo familiar de Luis XIV, "el Rey Sol" y primer operador de Forex. Su bandera, "el patrón oro" fue adoptada como bandera no oficial del mercado Forex.* En serio, ¿necesitas una explicación para esto?

B. *Expresar el valor de una moneda en un peso fijo en oro.* **Esta es la respuesta correcta. El patrón oro es un sistema que se implantó en muchos países a lo largo del siglo XIX y a través del cual el gobierno garantizaba el intercambio de una moneda por una cantidad fija de oro. Se demostró que era difícil de mantener, porque consiguió que el establecimiento de políticas monetarias resultara prácticamente imposible. Excepto Estados Unidos, todos los países abandonaron el patrón oro durante la 1ª Guerra Mundial. A continuación lo hizo Estados Unidos en 1933 debido a la Gran Depresión.**

C. *Expresar el valor de una moneda en dólares americanos.* En 1944, los Aliados Occidentales decidieron en Bretton Woods que el dólar estadounidense sería fijado al patrón oro de nuevo, mientras que las divisas de los restantes países fueron vinculadas al dólar, lo que también se conoce como "patrón cambio oro". Por lo tanto, aunque la respuesta C no es correcta, ha habido un periodo durante el cual las divisas de muchos países importantes fueron vinculadas al dólar estadounidense. El patrón cambio oro finalizó en los años setenta, cuando los Estados Unidos abandonaron el patrón oro por segunda vez.

D. *0,618, el número mágico de la sucesión de Fibonacci.* El número 0,618 es conocido también como el "número áureo", pero no como el patrón oro.

PREGUNTA 2 ¿A QUÉ MONEDA SE LLAMA "LA" MONEDA DE RESERVA MUNDIAL?

A. *El dólar americano.* **El dólar americano es, de hecho, la moneda más importante del mundo. Todos los países mantienen importantes reservas de dólares, los cinco pares de divisas más importantes incluyen al dólar y materias primas como el oro, el petróleo, el gas y los cereales se tasan todas ellas en dólares.**

B. *El Euro.* La moneda común de la Unión Monetaria Europea cada vez se está tomando más en consideración como posible moneda de reserva (a pesar de la crisis de euro), entre otras razones porque muchos países quieren disminuir su exposición al dólar americano. Sin embargo, dejando al margen la crisis del euro, al euro le queda todavía un largo camino que recorrer si quiere estar en las mismas condiciones que el dólar.

C. *C.El yuan chino.* El yuan es, sin duda, muy prometedor, pero por el momento ni forma parte del Mercado Forex —no es una moneda de libre flotación—, ni es parte de los DEG (derechos especiales de giro), que es la unidad monetaria del FMI. A China le gustaría que los DEG fueran "la" moneda de reserva y esto podría suceder en el futuro, pero no lo hará mientras que el yuan no se pueda intercambiar libremente, ni forme parte él mismo de los DEG.

D. *El DEG, la divisa del FMI, que está formada por la media ponderada de las seis divisas más importantes.* Como hemos dicho, es posible que esta moneda artificial se convierta de facto en la moneda de reserva mundial en el futuro, pero lo cierto es que ahora no lo es.

PREGUNTA 3 ¿DÓNDE SE ENCUENTRA UBICADO EL MERCADO FOREX?

A. *Fráncfort.* No hay un centro de intercambio para el mercado Forex, por lo que D es la respuesta correcta, sin embargo, Fráncfort es un importante centro financiero y el Banco Central Europeo tiene su sede central ahí.

B. *Londres.* Otro centro financiero importante.

C. *Nueva York.* Un centro financiero importante, pero no la sede central del Forex.

D. *En ningún lugar.* **Correcto. En realidad, "el" mercado Forex no existe, sino que se trata de una red de bancos que tratan los unos con los otros en divisas extranjeras a través de sistema de corretaje electrónico (EBS) y Reuters Dealing 3000. No existe una dirección de Wall Street, ni una autoridad central, ni ningún límite en cuanto a horarios de apertura más allá de los que tienen los bancos alrededor del mundo. Esta es la razón por la cual el mercado Forex solo cierra durante el fin de semana.**

PREGUNTA 4 ¿CUÁNDO ESTÁ ABIERTO EL MERCADO FOREX?

A. *5 días a la semana, 12 horas al día.* No.

B. *5 días a la semana, 24 horas al día.* **Correcto. Esto se debe a que el horario de apertura del mercado Forex es el mismo que el de los bancos. Es posible operar siempre que haya bancos abiertos en algún lugar del mundo. Gracias a la diferencia horaria mundial hay bancos abiertos las 24 horas del día, excepto los fines de semana.**

C. *De lunes a jueves, 24 horas al día.* Los bancos abren de lunes a viernes, no de lunes a jueves.

D. *Siempre.* Es posible que esperaras que el Forex estuviera siempre abierto, sobre todo porque no hay un intercambio físico y todo se hace electrónicamente, pero, aunque internet nunca cierra, los bancos sí lo hacen.

PREGUNTA 5 ¿QUIÉN REGULA EL MERCADO FOREX?

A. *la Asociación Nacional de Futuros (NFA).* La NFA tiene un rol muy importante en la regulación de los brókers ubicados en los Estados Unidos, pero, obviamente, no todos los brókers del mundo se encuentran en ese país. Por el contrario, a consecuencia de las estrictas reglas para las instituciones financieras de los Estados Unidos, que se establecieron tras la ley Dodd-Frank, muchos brókers abandonaron el mercado estadounidense.

B. *La Autoridad de Servicios Financieros (FSA).* El organismo de control financiero del Reino Unido. Sin duda es importante, dada la relevancia de Londres como centro financiero, pero no es "la" autoridad reguladora en lo que se refiere al Forex.

C. El Fondo de Redistribución Marxista (MRF). Emm, por supuesto, no (descargo de responsabilidad: cualquier similitud entre esta organización ficticia y una posible organización que exista e intente distribuir los fondos según el marxismo es pura coincidencia).

D. *No hay ninguna autoridad central reguladora para el mercado Forex.* **Efectivamente, no la hay.**

PREGUNTA 6 QUIERES ESPECULAR CON EL ASCENSO DEL YEN JAPONÉS FRENTE AL DÓLAR ESTADOUNIDENSE. ¿QUÉ DEBERÍAS HACER?

A. *Ir en largo con el yen, lo que significa vender el USD/JPY.* **Esto es correcto. Comprar una divisa también se conoce como ir en largo, mientras que a venderla se le llama ir en corto. Si piensas que el yen va a subir frente al dólar americano, vas en corto en el USD/JPY, pues estás especulando con que pronto vas a obtener menos yenes por 1 dólar.**

B. *Ir en corto con el yen, lo que significa comprar el USD/JPY.* Lamentablemente, es justo lo contrario.

C. *Ir en largo con el dólar.* No, ve en largo con el dólar cuando creas que vaya a subir.

D. *Tanto A como C.* No, porque la opción C es incorrecta.

PREGUNTA 7 ¿QUÉ ES EL "SPREAD"?

A. *El Sándwich Spread Original de Heinz, al que se suele llamar simplemente "El Spread".* A los de Heinz les hubiera encantado, pero no es la respuesta correcta.

B. *La diferencia entre el precio de venta y el de compra de una divisa.* **Correcto. También es la manera en la que el bróker gana su dinero, al cargarte la diferencia entre la venta y la compra.**

C. *La diferencia entre una stop loss y una profit target.* No, esto no tiene nada que ver con el spread.

D. *Una película policial erótica de los años ochenta.* Desafortunadamente, no (descargo de responsabilidad: para aquellos que se consideren a sí mismos expertos en películas policiales eróticas de los años ochenta: cualquier similitud entre el spread del Forex y una posible película policial erótica que exista y se llame *Spread* es pura coincidencia).

PREGUNTA 8 ¿QUÉ SON LAS DIVISAS CRUZADAS?

A. *Los pares de divisas que no incluyen al dólar americano.* **Correcto.**

B. *Divisas que se cotizan frente a otra divisa.* Todas las divisas se cotizan las unas frente a las otras en el mercado Forex.

C. *Divisas que se cotizan frente a otras tres divisas.* Hasta el momento no ha tenido lugar el nacimiento de los tríos en el mercado Forex.

D. *Divisas de países cristianos, como los Estados Unidos, o el Reino Unido.* Por favor, no habrás seleccionado esta opción en serio, ¿verdad?

PREGUNTA 9 ¿QUÉ ES UN *PIP*?

A. *Dos operaciones perdedoras consecutivas.* Esto es tan común que ni siquiera tiene un nombre, así que no.

A. *La unidad de medida más pequeña del precio de un par de divisas, que suele ser la cuarta cifra tras la coma decimal.* **Correcto.**

B. *La palabra de la jerga de los operadores que se utiliza para "efectivo".* Esto habría estado bien, pero no.

C. *Un nivel de precio que un par de divisas tiene problemas para romper.* No, esto es lo que se conoce como resistencia o soporte.

SOBRE LA 2ª PARTE: OPERAR EN EL MERCADO FOREX TÚ MISMO

PREGUNTA 10 ¿CUÁL ES UNA BUENA REGLA GENERAL PARA UNA GESTIÓN FIRME DEL DINERO?

A. *Nunca arriesgues más del 10% de tu capital de operaciones.* No. Aparte del hecho de que esto sería demasiado, tampoco tiene en cuenta la clase de sistema de operaciones que estás utilizando.

B. *Nunca arriesgues más del 20% de tu capital de operaciones.* Esto es incluso peor.

C. *Tener al menos 10 veces el capital de operaciones que se necesita para producir 1 operación ganadora como promedio.* **Correcto. Esto te protegería lo suficiente como para evitar la pérdida de todo tu capital de operaciones, sin excederse en la protección.**

D. *Tener al menos 20 veces el capital de operaciones que se necesita para producir 1 operación ganadora como promedio.* Esto sería demasiado prudente.

Pregunta 11 ¿Cuál sería un retorno sobre la inversión realista en el mercado Forex?

A. *Un retorno sobre la inversión de un 35% anual.* Esta es una pregunta que se escucha con mucha frecuencia, y aunque la respuesta de un 35% parece ser una de las favoritas en internet, no se basa en nada firme. La respuesta depende por completo de la clase de operador que seas. Si eres un *scalper* y empiezas con un capital de operaciones de 1.000 dólares, un sistema de EV+ y operas unas 10 horas al día, es bastante posible que hagas crecer tu capital de operaciones hasta los 10.000 dólares en menos de un año.

B. *Depende de tu sistema de operaciones.* **Exactamente.**

C. *Un retorno sobre la inversión de entre un 8 y un 10% anual.* Esta es la clase de porcentaje que se espera normalmente cuando se invierte en acciones de un modo conservador, pero no tiene nada que ver con el comercio en el mercado Forex.

D. *Un Ferrari, un yate y una villa anuales.* Depende tanto de tu sistema de operaciones como de tu capital de operaciones. Un operador exitoso de Forex con un capital circulante de 10 millones de dólares podría ser capaz de poner esas cosas en su carrito de la compra en la feria anual de millonarios, pero en realidad, ¡la mayoría de los operadores exitosos probablemente utilizarían ese dinero para ganar aún más dinero el año siguiente!

Pregunta 12 ¿Es mejor empezar con una cuenta de prueba o con una real?

A. *Cuenta de prueba.* Esta parece la respuesta fácil, pero para la mayoría de los operadores principiantes no es la mejor, porque el modo que tienen de operar cuando hay dinero real involucrado, es muy diferente al que emplean cuando el dinero es ficticio. Una cuenta de prueba resulta fantástica para conocer una plataforma de operaciones y/o para probar un sistema de operaciones, pero llegar a ser un gran operador de prueba no te convierte en un gran operador "real" también.

B. *Cuenta real.* Tanto si estás empezando como si eres un operador experimentado, siempre te resultará conveniente tener una cuenta de prueba además de la real, porque así podrás probar nuevas estrategias y plataformas de operaciones.

C. *Ambas.* **Esta es simplemente la mejor respuesta.**

SOBRE LA 3ª PARTE: COMPRENDER Y PREDECIR LOS MOVIMIENTOS DE LOS PRECIOS

Pregunta 13 ¿Qué es el análisis fundamental?

A. *Explotar en medio de una plaza popular cuando los demás no estén de acuerdo con tu análisis.* Esta forma de análisis tan terrorista pasó de moda hace tiempo en el mercado Forex.

B. *El análisis basado en unas convicciones fijas.* Esta sería esa clase de análisis fundamentalista que no se basa en ningún hecho en absoluto y que debería quedar limitada a los domingos (o a los sábados, si lo deseas, o a los lunes, o a cualquier día que sea).

C. *Analizar los factores que tienen influencia sobre la economía, como la capacidad de producción, la confianza de los consumidores, el empleo, etc.* **La respuesta correcta.**

D. *Estudiar la evolución del precio en el pasado para que te ayude a predecir la evolución del precio en el futuro.* Esta sería la definición del análisis técnico.

PREGUNTA 14 LA RESERVA FEDERAL (FED) ANUNCIA QUE VA A SUBIR LOS TIPOS DE INTERÉS UN 0,25%. LOS ANALISTAS NO ESPERABAN ESTA SUBIDA DE TIPOS. ¿QUÉ ES LO QUE OCURRIRÁ PROBABLEMENTE CON EL DÓLAR AHORA?

A. *Caerá.* Si se aumentan los tipos de interés, será más caro pedir dinero prestado (y más lucrativo prestarlo). Por tanto, es probable que el valor del dólar suba, especialmente si tenemos en cuenta que la subida de interés fue inesperada.

B. *Nada. El tipo de interés de la Reserva Federal no tiene nada que ver con la evolución del dólar.* Todo lo contrario, la política sobre los tipos de interés se encuentra estrechamente relacionada con la evolución del precio de una moneda.

C. *Es imposible de predecir. En el caso de que se produzca una subida de tipos inesperada, las posibilidades de que suba el dólar son del 50%.* Incorrecto, las posibilidades de que aumente de valor son mucho mayores (porque el crédito se volverá más caro), y mucho más cuando tal subida es inesperada.

D. *Subirá.* **Correcto.**

PREGUNTA 15. EN SU RUEDA DE PRENSA MENSUAL, EL PRESIDENTE DEL BCE DICE QUE LA INFLACIÓN EN LA EUROZONA HA SIDO MAYOR DE LO QUE SE ESPERABA CON UN DATO DE UN 2,8%. AÑADE QUE LA CIFRA ES SUPERIOR AL OBJETIVO DE INFLACIÓN QUE ESTABA FIJADO ENTRE UN 0,5 Y UN 2%. ¿QUÉ SIGNIFICA ESTO, SI ES QUE TIENE ALGÚN SIGNIFICADO?

A. *Es una señal de que el BCE podría subir los tipos de interés pronto. El euro probablemente subirá.* **Correcto. Salvaguardar la estabilidad de los precios dentro de la eurozona es una de las tareas más importantes del Banco Central Europeo. El objetivo de inflación del BCE se encuentra entre un 0,5 y un 2%. Cuando sube por encima del 2%, sin que las señales del BCE hicieran previsible tal incremento, hay muchas** posibilidades de que el tipo de interés suba si la inflación se mantiene alta. Y una subida de tipos del BCE normalmente quiere decir que el euro va a subir.

B. *Es una señal de que el BCE podría bajar los tipos de interés pronto. El euro probablemente bajará.* En realidad es lo contrario.

C. *La inflación no es un factor importante para la política del BCE. Por lo tanto, lo más probable es que no ocurra nada.* Por el contrario, la cifra de la inflación es uno de los factores más importantes que tienen influencia sobre la política del BCE, porque salvaguardar la estabilidad de los precios es la primera prioridad del BCE.

D. *El BCE normalmente solo actúa cuando la inflación se mantiene por encima del 5% durante un periodo de 12 meses o más. Por lo tanto, lo más probable es que no ocurra nada.* Una tasa de inflación por encima del 5% sería demasiado alta como para que el BCE la aceptara durante un periodo de tiempo tan largo. El BCE no esperaría 12 meses antes de intentar hacer algo al respecto.

PREGUNTA 16. EL MINISTERIO DE ECONOMÍA Y FINANZAS DE JAPÓN ANUNCIA QUE VA A ESTIMULAR LA ECONOMÍA INYECTANDO MÁS LIQUIDEZ EN EL SISTEMA MONETARIO. ¿EL YEN SUBIRÁ O CAERÁ? ¿Y POR QUÉ LO HARÁ?

A. *Caerá, porque si se añade más dinero al sistema monetario el yen tendrá menos valor.* **Correcto. Los programas de estímulo como la compra de bonos del Tesoro japonés por parte del Banco Central de Japón (una práctica que también se conoce como "expansión cuantitativa"), aumentan el dinero en circulación. Cuanto más dinero hay disponible, más fácil es conseguirlo, y cuanto más fácil es conseguir el dinero, más bajo es el tipo de interés que se carga por prestar el dinero.**

B. *Subirá, porque si se añade más dinero al sistema monetario el yen tendrá más valor.* Esto sería el mundo del revés. ¿Cuánto más dinero añades al sistema, más caro se vuelve? Piensa en la Alemania de los años treinta. Debido a la hiperinflación, el marco alemán quedó reducido a un escombro, lo que hizo que le precio de una salchicha ascendiera a 30 millones de marcos (y Alemania produce MUCHAS salchichas, por lo que no podían ser tan caras).

C. *Caerá, porque los operadores perderán la fe en la economía japonesa.* Cuando el gobierno decide que ha llegado la hora de estimular la economía, se puede decir con seguridad que la confianza ya está bastante baja. Por lo tanto, estimular la economía con más dinero es algo a lo que solo los inversores darán la bienvenida. Así pues, la confianza en la economía no disminuirá, sino que aumentará.

D. *Subirá, porque los operadores esperan que la medida tenga éxito a la hora de estimular la economía.* Obviamente, todavía queda por ver si la economía empieza a experimentar un crecimiento efectivo gracias a las medidas anunciadas. Mientras tanto, la influencia del nuevo dinero aumentará la inflación, lo que hará que el precio del yen caiga en comparación con el de otras divisas.

PREGUNTA 17 EL EMPLEO EN ALEMANIA HA DESCENDIDO INESPERADAMENTE. ¿PODRÍA ESTO TENER UN IMPACTO EN LA EVOLUCIÓN DEL PRECIO DEL EURO?

A. *No, Alemania es solo una de las 12 naciones que participan en el euro.* En realidad, hay 17 naciones que participan en el euro, pero Alemania es el miembro más importante con mucha diferencia y su PIB constituye alrededor del 30% de la economía de la eurozona.

B. *Hay un 50% de posibilidades de que tenga un efecto.* Debido a que la economía alemana se considera el motor de la economía de la eurozona, la pregunta sobre si la caía del empleo en Alemania va a tener o no un impacto en el euro, no se puede plantear en términos de un 50%. Las posibilidades de que el euro caiga debido a la subida del desempleo en Alemania son mucho mayores que eso. Un aumento en el desempleo es a menudo un síntoma del debilitamiento en la economía, y una economía alemana débil bien puede debilitar al resto de las economías del euro.

C. *Sí, porque la economía alemana es la mayor de Europa con mucha diferencia.* **Correcto.**

D. *No, las cifras de empleo no tienen ninguna relación con el mercado Forex.* Las cifras de empleo están entre las cifras económicas que tienen más importancia para una divisa. Esto se debe a que el empleo influye directamente en la confianza de los consumidores y en el consumo interno, a la vez que envía una señal clara sobre el estado del sector privado.

PREGUNTA 18 LAS VENTAS DE VIVIENDAS DE SEGUNDA MANO HAN AUMENTADO CONSIDERABLEMENTE DURANTE EL MES PASADO EN LOS ESTADOS UNIDOS. ¿ES ESTO BUENO O MALO PARA EL DÓLAR?

A. *Bueno. El aumento de las ventas de viviendas indica que hay confianza en la economía. La economía también se ve estimulada por una mayor actividad en la construcción y la renovación de viviendas.* **Correcto.**

B. *Malo. Cuando los estadounidenses venden sus casas normalmente se debe a que tienen que mudarse a un motel barato.* ¡Tonterías!

C. *Las cifras sobre las ventas de viviendas de segunda mano no tienen ningún impacto en absoluto sobre la evolución del precio del dólar.* La venta de viviendas de segunda mano está entre los datos económicos más importantes que influyen en el dólar.

D. *Malo. Para comprar una vivienda en los Estados Unidos tienes que pagar en dólares. Cuantos más dólares se gasten, más probabilidades habrá de que el valor del dólar descienda.* Date una buena bofetada si esta fue tu respuesta (otra vez, pero ahora más fuerte).

PREGUNTA 19 ¿QUÉ ES EL ANÁLISIS TÉCNICO?

A. *Analizar los factores que tienen un impacto sobre la economía real, como la capacidad de producción, la confianza de los consumidores, las cifras de empleo, etc.* Lamentablemente, esta es la definición del análisis fundamental.

B. *Estudiar las evoluciones del precio en el pasado para que nos ayuden a predecir las evoluciones de los precios en el futuro.* **Correcto. Este estudio de las evoluciones del precio en el pasado se suele hacer con la ayuda de gráficos de velas e indicadores técnicos como las Bandas de Bollinger, el RSI, etc.**

C. *Estudiar operaciones del pasado y basar tus predicciones acerca de tu retorno sobre la inversión anual en ellas.* No.

PREGUNTA 20 CITA EL NOMBRE DE TRES PATRONES DE GRÁFICOS DE VELAS

A. *La Serpiente, el Teriyaki y el Sashimi.* "Camarero, ¿me puede poner un poco más de wasabi en el sushi?"

B. *El Harakiri, el Banzai y el Zero.* Si esta ha sido de verdad tu respuesta, es probable que también te guste el Seppuku.

C. *Los Tres Soldados Blancos, el Harami y la Cubierta de Nube Oscura.* **Sí, estos son, aunque hay que reconocer que podrían figurar fácilmente en un libro sobre el Kama Sutra al estilo japonés (si tal cosa existiera).**

PREGUNTA 21 ¿QUÉ SUELE OCURRIRLE AL PRECIO DESPUÉS DE QUE APAREZCA UN DOBLE TECHO EN EL GRÁFICO?

A. *Desciende, porque queda claro que la tendencia ascendente no tiene la fuerza suficiente.* **Los niveles de resistencia y soporte suelen volverse más fuertes con cada ataque que repelen. Esto tiene sentido, porque cada vez habrá más y más operadores que basen sus estrategias de entrada y salida en dichos niveles de precios, que han demostrado ser difíciles de romper. En el caso de un doble techo, es bastante posible que los alcistas se retiren por un tiempo.**

B. *Avanza, porque un movimiento en el precio se vuelve más fuerte al intentar romper una resistencia.* Esto no tiene ningún sentido; con cada derrota se vuelve más difícil reunir la fuerza necesaria para lograr otra ruptura, lo que disminuye las posibilidades de éxito.

C. *Alcanza el mismo techo por tercera vez.* Es posible, pero en la mayoría de los casos el precio no alcanzará el mismo nivel por tercera vez, o por lo menos no durante un tiempo.

D. *La evolución del precio a menudo se ralentiza hasta moverse tan solo un par de pips por hora.* Cuando el precio deja de moverse, eso significa que los alcistas y los bajistas están en equilibrio, algo que no se espera que ocurra después de que los alcistas hayan dado marcha atrás dos veces seguidas.

Pregunta 22 ¿Qué suele ocurrir con la evolución del precio al final de un patrón Hombro-cabeza-hombro?

A. Desciende, porque el segundo hombro demuestra que los alcistas están perdiendo fuerza. Esta situación es muy similar a lo que ocurre con el doble techo. Aunque los alcistas han elevado su primer techo con un nuevo máximo (la cabeza), en el siguiente intento resulta que el movimiento ha perdido fuerza (el segundo hombro). Ahora es más probable que el precio descienda, porque el impulso ha desaparecido.

B. *Avanza, porque el segundo hombro es una señal de que los alcistas están reuniendo fuerzas para intentarlo de nuevo, lo que a menudo tiene éxito.* Esto suena un poco como el argumento de Rocky (I a V). Una buena adaptación para Hollywood, pero no tanto para Wall Street.

C. *La evolución del precio a menudo describe una figura sonriente tras un patrón de Hombro-cabeza-hombro, pues disminuye hasta alcanzar la forma de un martillo.* Suena bien, pero es una completa sandez.

D. *A un modelo de Hombro-cabeza-hombro le suele seguir un tercer hombro.* Esto ocurre a veces, pero lo más habitual es que el precio caiga.

Pregunta 23 ¿Qué estrategia sería buena cuando se está formando un triángulo?

A. *Colocar dos órdenes de entrada, una ligeramente por encima de la línea de resistencia que está cayendo y otra ligeramente por debajo de la línea de soporte ascendente.* **Correcto. Un triángulo simétrico a menudo envía una señal clara de que hay una ruptura inminente, pero la dirección de la ruptura todavía es incierta. Para evitar que se pierda una parte del movimiento de la ruptura, puedes colocar dos órdenes de *stop*, una para una ruptura al alza y otra para una a la baja.**

B. *Esperar por la ruptura.* También es posible, pero con esto te arriesgarías a perder una parte de la ruptura, lo que no sería la mejor solución para el caso.

C. *Poner una orden de compra.* Bien, ¿pero qué ocurriría si la ruptura se dirige en la otra dirección? Porque, como hemos dicho, es difícil predecir el camino que va a tomar la ruptura.

D. *Poner una orden de venta.* Esto crea el mismo problema que la respuesta C.

Pregunta 24 ¿Cuál es la idea que encierra el concepto de soporte y resistencia?

A. *Que algunos niveles de precios son más difíciles de romper que los niveles de precios "normales".* **Correcto. Esto está relacionado con el** comportamiento humano. Por ejemplo, los números redondos y bonitos a menudo sirven como niveles de resistencia y soporte, así como lo hacen los niveles que han demostrado ser difíciles de romper en el pasado.

B. *Que ciertas relaciones numéricas que se pueden encontrar en la naturaleza también tienen un impacto en las evoluciones de los precios de los mercados financieros. La longitud de una tendencia se ve limitada por estas relaciones numéricas especiales, con el nivel de precio llamado "resistencia" en la parte superior de la tendencia y el "soporte" en la inferior.* Suena muy bien, ¿verdad? Aun así es una tontería.

C. *El soporte y la resistencia son las dos Bandas de Bollinger opuestas.* Las Bandas de Bollinger opuestas se basan en unas desviaciones estándar de los precios reales y actuales. Aunque esto no tiene nada que ver con el soporte y la resistencia, hay una cierta correlación entre los niveles donde se forman la resistencia y el soporte y las Bandas de Bollinger superior e inferior.

PREGUNTA 25 CUANTO MÁS CORTO SEA EL MARCO TEMPORAL DE UN GRÁFICO DE VELAS, MÁS FUERTES SERÁN SU RESISTENCIA Y SOPORTE.

A. *Verdadero.* No, es al contrario. Una resistencia que se formó hace 60 minutos en un gráfico de 1 minuto se puede romper con facilidad, mientras que una resistencia en un gráfico diario o semanal, suele tener mucha más autoridad. También es relevante para muchos más operadores (puesto que da igual si eres un operador intradiario o a largo plazo), mientras que la resistencia en un gráfico de 1 minuto solo tiene importancia para operadores intradiarios.

B. **Falso**.

PREGUNTA 26 CUANTO MÁS A MENUDO RESISTA UN ATAQUE UN NIVEL DE RESISTENCIA/SOPORTE, MÁS FUERTE SE VUELVE.

A. *Verdadero.* **Cuando un nivel de resistencia o soporte repele un ataque, muchos operadores lo recordarán la próxima vez que el precio se acerque a esa resistencia o soporte. Debido a esto, es más probable que utilicen ese nivel como punto de entrada,** *profit target* **o** *stop loss*, **lo cual aumentará la importancia del nivel de resistencia o soporte aún más.**

B. Falso.

PREGUNTA 27 ¿QUÉ ES UNA MEDIA MÓVIL SIMPLE?

A. *La suma de un cierto número de precios de cierre, dividida por ese número.* **Correcto**.

B. *La suma de un cierto número de precios de cierre, dividida por ese número, pero dándole más peso a los precios de cierre más recientes.*

No, esa es la "media móvil exponencial" (EMA), que se ideó para reducir el desfase que provoca la inclusión de precios de periodos más lejanos. Como le da más peso a los periodos recientes, la EMA tiene una conexión mejor con los precios actuales.

C. *La media de los precios medios.* No.

D. *Un medio poco fiable de medir el precio medio, razón por la cual se conoce como "simple".* La palabra "simple" se añadió porque solo mide el precio medio de un número específico de periodos. No es que sea poco fiable, pero el resultado que da es solo aproximado, especialmente si se compara con algo como la media móvil exponencial.

PREGUNTA 28 ¿QUÉ SIGNIFICA QUE EL PRECIO ESTÉ POR ENCIMA DE LA SMA?

A. *Que el precio está en una tendencia bajista.* La SMA (media móvil simple) muestra el precio medio durante un periodo de tiempo determinado. Por lo tanto, si el precio está por encima de la SMA, eso significa que el precio actual está por encima del precio medio o, en otras palabras, que la evolución del precio se encuentra actualmente en una tendencia alcista, no bajista.

B. Que el precio está en una tendencia alcista.

C. *No significa nada (y esa es una de las razones por las que se considera un sistema de medición poco fiable).* No es que la SMA sea un modo poco fiable de medir la evolución del precio, pero si solo utilizas las líneas SMA para sacar conclusiones, tienes que tener cuidado, especialmente cuando se trate de los periodos SMA más cortos. El hecho de que el nivel del precio actual sea superior al precio medio de una serie de periodos del pasado significa algo, pero, si eso quiere decir que debes abrir una posición, depende de otros varios factores.

PREGUNTA 29 ¿QUÉ SON LOS SISTEMAS DE CRUCES DE MEDIAS MÓVILES?

A. *Set-ups que se basan en situaciones en las que se cruzan varias MAs.* **Correcto. Esta clase de sistemas son muy populares porque pueden ofrecer una señal bastante clara sobre la aceleración de una tendencia o la llegada de una inversión de tendencia.**

B. *Medias móviles que se crean por la combinación de varias medias móviles que se cruzan las unas con las otras.* No.

C. *Sistemas de operaciones basados en medias móviles que se parecen mucho a las Bandas de Bollinger, otro indicador técnico, y de ahí es de donde viene el término de "cruce".* Suena plausible, pero desafortunadamente no es más que una tontería.

PREGUNTA 30 ¿CUÁL ES LA MAYOR FORTALEZA DEL ÍNDICE DE FUERZA RELATIVA?

A. *Filtra el ruido del Mercado, porque muestra la fortaleza relativa de una tendencia.* **Correcto. El RSI compara el número de veces que el precio se** cierra al alza con el número de veces que se cierra a la baja. También da más peso a los datos más recientes porque utiliza medias exponenciales. Por lo tanto, te dará más información sobre un movimiento de tendencia en la práctica, de la que podrías obtener con solo mirar la línea de tendencia, porque el RSI te muestra si la tendencia se está debilitando o fortaleciendo.

B. *Muestra la fortaleza de un nivel de resistencia/soporte en particular.* No, el RSI no tiene nada que ver con esto. Además, la fortaleza de un nivel de soporte o resistencia se puede detectar con facilidad en un gráfico de velas con tan solo mirar la frecuencia con la que un nivel de soporte/ resistencia ha repelido ya ataques.

C. *Que puedes utilizarlo como herramienta para operar en rangos.* Las Bandas de Bollinger son mucho más adecuadas como indicador para operar con rangos, porque arrojan luz sobre la frecuencia y lo mucho que la evolución de un precio se está desviando del canal. El RSI está mejor adaptado para ser utilizado como herramienta para operar en rangos. ¿Continúa la tendencia? ¿Hay una inversión de tendencia cerca? El índice de fuerza relativa te puede ayudar a responder esta clase de preguntas.

D. *Muestra dónde es probable que tenga lugar la corrección.* Si bien el RSI te puede ayudar con esto, solo es uno de los movimientos que te puede ayudar a detectar.

PREGUNTA 31 ¿EN QUÉ SE BASA EL USO DE LA SUCESIÓN DE FIBONACCI EN EL COMERCIO FOREX?

A. *En nada.* **La sucesión de Fibonacci es una serie de números que se basa en una regla matemática. La serie numérica tiene varias características distintivas, por ejemplo, que la proporción de los números conectados es siempre de 0,618. Sin embargo, la conducta humana crea la evolución del precio en el mercado Forex y los operadores basan su comercio en muchos factores diferentes. Por lo tanto, aunque el uso de Fibonacci en el Forex no esté basado en algo matemática o estadísticamente válido, todavía juega un papel importante. Esto se debe a que muchos operadores tienen mucha fe en los "Fibs", y esto a menudo hace que se conviertan en una profecía autocumplida. Así pues, como operador de Forex, te encontrarás con ellos a menudo, pero ten en cuenta que no hay una base técnica para los mismos, sino solo psicológica.**

B. *En la fórmula Fn = F(N-1) + F(n-2).* La regla correcta es $Fn = F(n+1) + F(n-2)$. Evidentemente, el hecho de que la sucesión de Fibonacci esté basada en esta regla, no quiere decir nada acerca de la validez de la sucesión de Fibonacci en el comercio Forex.

C. *En el número aúreo.* Esta es otra palabra para la proporción de 0,68 que se encuentra entre las series de números de la sucesión de Fibonacci.

SOBRE LA 4ª PARTE: ESTRATEGIAS PARA OPERAR EN EL MERCADO FOREX

PREGUNTA 32 LOS PRECIOS SE MUEVEN EN RANGOS MÁS A MENUDO QUE EN TENDENCIAS

A. *Verdadero.* **Los precios se mueven en rangos entre el 70 y el 80% del tiempo.**

B. *Falso.*

PREGUNTA 33 ¿QUÉ ES UNA CORRECCIÓN?

A. *Una técnica a través de la cual el operador trata de averiguar cómo ha progresado su sistema de operaciones.* Para descubrir cómo ha funcionado tu sistema de operaciones tienes que evaluarlo. Esto no tiene nada que ver con las correcciones.

B. *El retroceso parcial de un precio después un aumento o descenso significativo.* **Correcto. Evidentemente, la respuesta se encuentra de algún modo oculta en la propia palabra, ya que "corrección" significa volver sobre tus pasos. Una corrección en el Forex significa esencialmente lo mismo, es decir, que el precio está desandando sus pasos.**

C. *Un set-up que trata de repetir o copiar una operación con un par de divisas en otro par de divisas.* No.

D. *Una ruptura de la evolución del precio.* Algo también conocido afectuosamente como "ruptura" (¿quién lo diría?).

PREGUNTA 34 ¿POR QUÉ OPERAR CON TENDENCIAS NO ES PARA TODO EL MUNDO?

A. *Porque se necesita tener un elevado capital de operaciones.* Para operar en tendencias no es necesario tener un gran capital de operaciones, pero sí lo es llevar a cabo una gestión del dinero conservadora.

B. *Porque es un estilo de operar bastante complicado, que resulta muy difícil para principiantes, por ejemplo.* Si bien no necesitas tener una gran habilidad técnica y/o experiencia para ser un buen operador de tendencias, sí que necesitas tener un conjunto determinado de destrezas y rasgos, como por ejemplo ser resiliente y soportar bien el estrés, así como una mente racional y analítica.

C. *Porque a menudo es demasiado difícil reconocer una tendencia.* Si alguna vez ha habido algo que no resulta difícil a la hora de operar, eso es reconocer una tendencia. Sin embargo, entrar en una tendencia con éxito y permanecer en ella es más difícil de lo que podría parecer.

D. *Porque normalmente equivale a aceptar un montón de pequeñas pérdidas para producir una gran operación ganadora y no todo el mundo puede aceptar esto.* **Este es de hecho el aspecto más importante en lo que se refiere a las operaciones en tendencias. Desde una perspectiva racional,** por supuesto que es perfectamente posible experimentar el cierre de 9 operaciones seguidas para perder 30 *pips* con cada una de ellas y ganar con una operación que valga 600 *pips*, ¿pero qué ocurriría si tuvieras que sufrir esas 9 operaciones perdedoras de un modo cercano y personal?, ¿podrías mantener la calma o te volverías inseguro, te frustrarías, enfadarías o deprimirías? Una vez más, no es para todo el mundo.

PREGUNTA 35 ¿CUÁNDO ES EL MEJOR MOMENTO PARA OPERAR EN RANGOS?

A. *Cuando tienes mucho capital de operaciones.* No, no necesitas un fondo particularmente grande para poder operar en rangos.

B. *Durante la sesión europea.* La sesión europea es normalmente la más volátil e impredecible, porque la mayor parte del mercado Forex se concentra en Europa. Idealmente, cuanto más predecible sea todo, más conveniente le resultará a un operador.

C. *Cuando el mercado está relativamente tranquilo.* **Este es el mejor momento. No quieres sorpresas y te interesa que haya la menor volatilidad posible. Cuanto mayor sea la agitación, más probabilidades habrá de que se alcancen los picos máximos, lo que te expulsaría de tu bonita operación en rangos.**

D. *El sábado.* Emm, bueno, eso sería difícil, porque el mercado Forex está cerrado los sábados (aunque es un buen día para tener un 0% de pérdidas).

PREGUNTA 36 CUANTO MÁS MUTUAMENTE DEPENDIENTES SON DOS DIVISAS, MÁS EN RANGOS SE MUEVE SU PAR DE DIVISAS.

A. *Verdadero.* Efectivamente. Cuando dos divisas son mutuamente dependientes, su par de divisas suele bastante estable y se mueve la mayor parte del tiempo dentro de un rango ajustado. Los precios ya se mueven más en rangos que en tendencias de todas formas, pero en pares de divisas como el EUR/CHF y el EUR/GBP, esto es todavía más común.

B. *Falso.*

PREGUNTA 37 ¿QUÉ INDICADOR TÉCNICO FUNCIONA MEJOR A LA HORA DE RECONOCER UNA POSIBLE OPERACIÓN EN RANGOS?

A. *RSI.* El índice de fuerza relativa es más bien una herramienta para operar con tendencias y rupturas, porque es especialmente bueno a la hora de mostrar la fuerza relativa de una tendencia.

B. *Las medias móviles exponenciales.* Otro indicador más apropiado para operar con tendencias y rupturas.

C. *Las medias móviles simples.* Lo mismo que para A y B.

D. *Las Bandas de Bollinger.* **Sí, este es de hecho un indicador muy bueno cuando se trata de reconocer una posible operación en rangos, porque** las BBs te muestran rápidamente si la evolución de un precio tiende o no a permanecer dentro de un canal.

PREGUNTA 38 ¿QUÉ ES LO QUE NUNCA DEBES HACER TRAS HABER CONFIGURADO UNA OPERACIÓN EN RANGOS?

A. *Perseguir una ruptura una vez que se haya activado tu stop loss.* Vamos a ser honestos, perseguir esa ruptura después de que te hayan expulsado a la fuerza de tu operación en rangos, mientras ves como el tipo de cambio del par de divisas corre como un potro salvaje (o el caballo Azabache), puede resultar muy tentador. Pero, la mayoría de las rupturas son falsas rupturas y lo más frecuente es que el precio regrese dentro del canal. El análisis que habías realizado concluyó que el par de divisas se estaba moviendo posiblemente en rangos. El hecho de que hayas sido expulsado no significa que haya una ruptura necesariamente. La razón real por la cual quieres operar con esa ruptura es que no quieres aceptar que has perdido con esa operación con rangos y quieres "ganártela" de nuevo (como un jugador normal y corriente en el casino). No cedas ante esto.

B. *Utilizar stop losses demasiado ajustadas.* Bien, ¿y qué se considera ajustadas? Obviamente "demasiado" no es nunca una opción inteligente, pero dependiendo de tu estrategia de operaciones, sería factible utilizar *stop losses* de tan solo un par de *pips*.

C. *Perder de vista la evolución actual del precio.* **Cuando planees tu operación, coloca una *profit target* y una *stop loss* (con o sin una parada de arrastre). Después de eso, te puedes ir a jugar al tenis o a hacer carreras con tu Ferrari para distraerte. No necesitas hacer de niñera para tu operación.**

D. *Poner una operación en tendencias con otro par de divisas.* Por supuesto, esto es una tontería. Puedes abrir posiciones para todos los pares de divisas que quieras, con independencia de las operaciones en rangos que tengas activas para otros pares de divisas.

PREGUNTA 39 ¿QUÉ ES EL *SCALPING*?

A. *La tradición entre los operadores de Forex de afeitarse sus cabezas si terminan el año con un retorno sobre la inversión negativo.* Si esta ha sido tu respuesta, ya puedes ir empezando a afeitarte la cabeza.

B. *Una estrategia a través de la cual se hace uso de todo el capital de operaciones en una operación única y la posición se cierra tan pronto como el beneficio dobla al spread.* Una estrategia de campeones, a la que también se conoce por su nombre extraoficial de la "Enviudadora".

C. *"Crecer" gradualmente dentro de una posición con vistas a limitar el riesgo de exposición.* Es una buena estrategia, pero no tiene nada que ver con el *scalping*.

D. *Mantener las posiciones abiertas solo durante un periodo muy breve para recoger rápidamente los pequeños beneficios.* **Correcto.**

PREGUNTA 40 ¿SE PUEDE CONSIDERAR AL *SCALPING* UNA BUENA ESTRATEGIA PARA OPERADORES PRINCIPIANTES?

A. *No, porque precisa de mucha disciplina y tolerancia al estrés.* **Podrías aducir que no todos los operadores principiantes están hechos de la misma pasta y que algunos de ellos tienen una disciplina excepcional y son más duros que el acero ante el estrés. Sin embargo, en general el *scalping* no es una estrategia sencilla para operadores principiantes. Especular en el mercado financiero ya es en cierta medida un reto mental, así pues, ¿por qué hacerlo más complicado eligiendo una estrategia que requiere de un alto nivel de tolerancia al estrés y que podría acabar enseguida con tu capital de operaciones con tan solo algunas operaciones mal programadas?**

B. *Sí, porque no requiere de ninguna estrategia real, sino de un buen cálculo del tiempo.* Si bien esto es ciertamente importante, lo único que resulta primordial en el *scalping* es la capacidad para aceptar una pérdida. El *scalping* es una estrategia de operaciones relativamente fácil de comprender, pero esto no debe de confundirse con ser fácil de ejecutar.

C. *Sí, porque solo se involucran pequeñas cantidades de dinero.* Tonterías, puedes hacer *scalping* a 10 céntimos el *pip*, pero también a 10 dólares el *pip*.

D. *No, porque se necesitan grandes cantidades de dinero.* No tiene mucho que ver con eso. Un buen *scalper* no necesita un capital de operaciones tan grande en absoluto, porque un elevado porcentaje de sus operaciones serán ganadoras —incluso si la mayoría de las veces solo gana un par de *pips* por operación— y sus operaciones perdedoras tampoco serán muy grandes. El truco del *scalping* estriba en no dejarse llevar cuando una operación vaya mal y en saber cuándo cerrar una operación ganadora.

PREGUNTA 41 ¿QUÉ SON LAS OPERACIONES DE RUPTURAS?

A. *Empezar con un sistema de operaciones nuevo.* No.

B. *Abrir una posición justo cuando el precio atraviese un nivel de resistencia/ soporte.* **Correcto. Ten en cuenta que la mayoría de estas rupturas se convierten en falsas rupturas (también conocidas como *fakeouts*), pues los precios vuelven a un nivel inferior o superior al nivel de soporte/ resistencia que se había roto anteriormente.**

C. *Abrir una posición en medio de una inversión de tendencia.* Es muy difícil identificar una inversión de tendencia justo al principio. Evidentemente, es fácil a posteriori, pero cuando se está formando, es muy complicado —sino imposible— determinar si lo que estás viendo es el inicio de una inversión de tendencia o una simple corrección. ¿Qué constituye una inversión de tendencia? ¿Es la ruptura de un soporte importante? ¿Qué una importante resistencia se mantenga fuerte durante una tendencia alcista? ¿Cuándo una corrección deja de ser una corrección? Operar en rupturas es, de hecho, mucho más directo. Hay una ruptura cuando el precio rompe una resistencia o soporte importante. Abrir una posición en ese momento para beneficiarse del rally es lo que se conoce como operar con rupturas.

D. *Operar sin una estrategia preconcebida.* Esto es más bien como operar hacia el fracaso.

PREGUNTA 42 ¿QUÉ ES UN DESVANECIMIENTO DE LA RUPTURA?

A. *Abrir una posición cuando parezca que la ruptura esté fracasando.* Teniendo en cuenta que la mayoría de las rupturas fallan, tiene sentido basar una estrategia de operaciones en el fracaso de una ruptura, que es exactamente aquello de lo que trata el desvanecimiento de ruptura. Sin embargo, no debes abrir una posición a la primera señal de desvanecimiento de la ruptura (a no ser que tengas mucho dinero). Podría no ser nada más que una corrección temporal, o una pausa para respirar si lo prefieres, antes de que el precio vuelva al asalto. Por tanto, para minimizar el riesgo, es mejor esperar a que el precio regrese a la resistencia o el soporte que atravesó al principio de la ruptura.

B. *Abrir una posición cuando la ruptura se transforma en una tendencia normal y firme.* Esto tendría muy poco que ver con el "desvanecimiento", porque si la ruptura tiene éxito, no hay nada que se desvanezca.

C. *Abrir una posición cuando la ruptura termina y el precio regresa a donde estaba al inicio de la ruptura.* **Correcto**.

D. *Cerrar una posición que estaba basada en una ruptura.* Esto tampoco tiene nada que ver con el desvanecimiento, porque entonces habrías operado con la ruptura y ahora estarías simplemente cerrando una posición que se basaba en esa ruptura.

PREGUNTA 43 EL DESVANECIMIENTO DE RUPTURA SE PLANTEA PRINCIPALMENTE COMO UNA ESTRATEGIA A LARGO PLAZO.

A. *Verdadero.*

B. *Falso.* **La posibilidad de que una ruptura tenga éxito aumenta cuando tiene lugar en un gráfico que cubre un periodo de tiempo más largo. En otras palabras, una ruptura en un gráfico semanal es más importante que una de un gráfico de 5 minutos. Esto implica que, lo contrario — especular con que va a caer—, tiene más posibilidades de ser llevado a cabo como estrategia de operación a corto plazo.**

PREGUNTA 44 ¿CÓMO FUNCIONA EL *CARRY TRADE*?

A. *Compras una moneda con un interés bajo y vendes una moneda que lleve un interés alto.* Lamentablemente, es todo lo contrario.

B. *Vendes una moneda con un interés bajo y compras una moneda que lleve un interés bajo.* **La idea del *carry trade* se basa en la obtención de beneficios de la diferencia en el tipo de interés entre dos productos financieros, en este caso divisas. Por ejemplo, si el interés del dólar australiano es de un 5%, mientras que el del yen japonés es de solo un 0,1%, puedes ganar un 4,9% de interés por posición al ir en corto con el yen y en largo con el dólar australiano.**

PREGUNTA 45 A CONTINUACIÓN TENEMOS EL GRÁFICO DE VELAS DEL EUR/USD JUSTO DESPUÉS DE QUE SE HAYAN PUBLICADO LAS CIFRAS DE EMPLEO NO AGRÍCOLA, LAS CUALES INDICAN QUE EL EMPLEO HA SUBIDO MÁS DE LO ESPERADO. ¿ES ESTE UN BUEN MOMENTO PARA ENTRAR EN EL EUR/USD?

A. *Sí, hay una tendencia bajista clara.* **Cuando operas con las noticias intradiarias, lo que estás buscando es una señal clara de que la noticia está impulsando el precio en una dirección o en la otra. El efecto de un acontecimiento de noticia como la publicación de la cifra de empleo no agrícola es normalmente más fuerte durante los primeros 30 a 60 minutos, por lo que tienes que ser rápido si quieres operar con ella.**

B. *No. Aunque el precio esté cayendo, el periodo es demasiado corto como para hablar de una tendencia, lo que hace que sea muy difícil predecir una entrada exitosa.* **Si te sientes más cómodo operando con un horizonte más largo, probablemente no deberías operar con noticias como esta. Pero, para un operador intradiario, una señal clara en un gráfico de 5 minutos puedes ser una razón suficiente como para entrar en una operación.**

C. *Nunca es aconsejable colocar posiciones durante esta clase de eventos.* **Bueno hombre, esa será tu opinión...**

D. *Es mejor esperar. Si la tendencia sigue en su lugar después de una hora, podría ser interesante entrar.* **Como hemos dicho, esto sería demasiado tiempo para operar con un evento económico como este, porque su impacto directo a menudo no dura mucho más de una hora.**

SOBRE LA 5ª PARTE: CÓMO CONVERTIRSE EN UN OPERADOR DE FOREX DE ÉXITO

PREGUNTA 46 ¿POR QUÉ LA MAYORÍA DE LOS OPERADORES PRINCIPIANTES PIERDEN DINERO EN EL MERCADO FOREX?

A. *Porque no tienen un plan de operaciones.*

B. *Porque carecen de unas expectativas realistas.*

C. *Porque no están dispuestos a invertir tiempo y dinero.*

D. *Todas las anteriores son correctas.* **Evidentemente, esta era una pregunta fácil. Operar sin un plan, unas expectativas realistas o sin invertir ni tiempo ni dinero, es la receta perfecta para preparar un pastel de Forex** relleno de aire que se empezará a deshinchar desde el momento en el que aparezca un pequeño agujerito en él.

PREGUNTA 47 ¿ES LA AUTOEVALUACIÓN IMPORTANTE CUANDO QUIERES APRENDER A OPERAR?

A. *No, no lo es cuando tienes una buena estrategia de operaciones.* Pues entonces queda pendiente la cuestión de cómo conseguir esa estrategia tan sólida, para empezar.

B. *Sí, para ayudarte a encontrar el sistema de operaciones más apropiado para ti.* **Hay muchos, muchos diferentes sistemas y métodos para operar, y averiguar cuál es el más apropiado para ti depende del tiempo que tengas para operar, tu dinero y la clase de persona que seas. Por esta razón, es importante que dediques un tiempo primero a pensar en los parámetros que te definen como operador, en lugar de lanzarte a la piscina de inmediato.**

C. *No lo es cuando tienes planeado utilizar sistemas de operaciones automatizados.* Este un concepto erróneo bastante común. No importa lo muy automatizado que sea tu sistema, tú sigues siendo el que tiene el control. En última instancia, tú determinas los parámetros de tu sistema automatizado, decides con cuánto capital puede trabajar el sistema, cuánto beneficio se puede extraer con seguridad y qué nivel de pérdidas estás dispuesto a aceptar y, además, eres la persona que tiene que adoptar medidas para mejorar el sistema.

PREGUNTA 48 ¿QUÉ ES UN SET-UP?

A. *Un conjunto de condiciones que se tienen que cumplir antes de que se abra una posición.* **Correcto. Tú formulas tu set-up con antelación y cuando se cumplan todas sus condiciones, este tiene que activarse, tras lo cual abrirás la posición.**

B. *Todos los sistemas de operaciones que utilizan las Bandas de Bollinger.* Si bien es posible que las Bandas de Bollinger sean parte de tu estrategia, estas no son lo que define a un set-up.

C. *Una operación que se vuelve en tu contra justo antes de alcanzar tu profit target.* Es obvio que deberían de haber reservado el término "set-up" precisamente para esta clase de incidentes: Que tu propia operación te apuñale por la espalda justo antes de llegar a la línea de meta, ¡eso sí que es un auténtico *set-up*! Pero en lugar de eso, se utiliza para definir la idea mucho más aburrida del conjunto de condiciones que se tienen que cumplir antes de que la operación se active.

D. *Una operación con una profit target ajustada.* No, no tiene nada que ver con esto.

PREGUNTA 49 ¿QUÉ ES MÁS IMPORTANTE, UNA BUENA ESTRATEGIA DE SALIDA O UNA BUENA ESTRATEGIA DE ENTRADA?

A. *Ambas son igual de importantes.* De hecho, ambas son importantes, pero una buena estrategia de salida es, no obstante, aún más importante. Esto se debe principalmente a que una estrategia de salida mala o inexistente te puede crear problemas y ser la responsable de que tengas grandes e innecesarias pérdidas, así como unas ganancias excesivamente pequeñas. Para tener una buena estrategia de salida, asegúrate de colocar una buena *stop loss* y de formular una *profit target* clara. Esto te ayudará a permanecer o a salirte de una operación en base al análisis racional y no a las emociones.

B. *Una buena estrategia de salida.* **Correcto.**

C. *Una buena estrategia de entrada.* Una vez más, una buena estrategia de entrada es importante, pero una buena estrategia de salida tiene más potencial para proteger tu capital de operaciones e incrementar tu beneficio.

PREGUNTA 50 CALCULAR EL TAMAÑO DE LA POSICIÓN NO TIENE NADA QUE VER CON LA PROPORCIÓN DE RIESGO/RECOMPENSA.

A. *Verdadero.*

B. *Falso.* **El tamaño de tu posición —o porcentaje de tu capital de operaciones que arriesgas por operación— debería basarse en parte en la proporción entre operaciones ganadoras y perdedoras. La idea radica en que podrás usar un tamaño de la posición más grande cuando el porcentaje de operaciones con beneficios que tengas sea mayor. También el valor esperado (VE) de cada posición debe ser positivo. Por ejemplo, si arriesgaras 100 dólares para ganar 1, no obtendrías beneficios ni siquiera con un sistema que produjera operaciones ganadoras un 99% de las veces. Por cada 100 operaciones, ganarías un promedio de 99 X 1$ y perderías 1 X 100$, aparte del *spread*. La previsión de tus beneficios se determina por las posibilidades de obtener una operación ganadora y tu proporción de riesgo/recompensa. En base a un valor esperado positivo y el porcentaje de operaciones ganadoras, puedes determinar el tamaño máximo de tu posición.**

PREGUNTA 51 ¿CUÁL ES UNO DE LOS OBJETIVOS MÁS IMPORTANTES DEL CÁLCULO DEL TAMAÑO DE LA POSICIÓN?

A. *Maximizar los beneficios.* Estas palabras son peligrosas cuando se opera en los mercados financieros. La codicia es buena, sí, pero nunca dejes que se interponga en el camino de una firme gestión del riesgo. Si la maximización del beneficio dictamina que debes contratar unos tamaños de posición que aumenten tus posibilidades de arruinarte de un 5% a un 25%, ¿lo harías?

B. *Minimizar el riesgo de quiebra.* **Esta es de hecho una de las metas más importantes. Un buen tamaño de la posición te protegerá frente a las caídas inevitables que sufrirás, porque el mercado simplemente no hace siempre lo que tú quieres. Ten en cuenta que incluso con un sistema que produzca operaciones ganadoras un 75% del tiempo, puedes poner fácilmente 100 operaciones y conseguir solo 30 ganadoras. El tamaño de tu posición te protegerá frente a estos vaivenes y te mantendrá en el juego.**

C. *Poner todas las operaciones que sean posibles al mismo tiempo.* No, el objetivo de calcular el tamaño de la posición no es abrir tantas posiciones como puedas. También podrías preguntarte cuál sería la utilidad de esto, ya que la mayoría de los operadores no tienen una estrategia de operaciones que genere el desencadenamiento de un montón de *set-ups* a lo largo del día.

D. *Hacer un uso óptimo de tu capital de operaciones.* Esto resulta un poco difuso porque, ¿qué constituiría un "uso óptimo"? ¿Tiene que ver esto con un aumento de la rentabilidad, una reducción de las pérdidas o la minimización del riesgo de quiebra? La respuesta B es una alternativa mejor.

PREGUNTA 52 EL OPERADOR X TIENE UN CAPITAL DE OPERACIONES DE 500$ Y ARRIESGA 75$ POR OPERACIÓN. ACABA DE EMPEZAR A OPERAR EN EL FOREX Y ESPERA QUE SU ESTRATEGIA DE OPERACIONES LE GENERE UNA OPERACIÓN GANADORA EL 60% DE LAS VECES. CALCULA EL TAMAÑO DE SU POSICIÓN Y DECIDE SI ES EL ADECUADO O DEMASIADO ARRIESGADO.

A. *El tamaño de su posición es de un 15%, pero es demasiado arriesgado, debería ser un 6%.* **Correcto. El tamaño de la posición es de 75$ para un capital de operaciones total de 500$. Por lo tanto, el operador está arriesgando un 15% de su capital de operaciones total en cada operación. Eso es demasiado, porque su estrategia de operaciones solo produce una operación ganadora el 60% de las veces (asumiendo que su valor esperado sea positivo). La regla general es que el tamaño de tu posición no debe ser mayor que el 10% de tu porcentaje de operaciones ganadoras total, en este caso un 6%.**

B. *El tamaño de su posición es de un 15%, que es aproximadamente el tamaño correcto para una posición.* El tamaño de su posición es, de hecho, de un 15%, pero el riesgo de quiebra es demasiado elevado, porque su porcentaje de operaciones ganadoras es de tan solo un 60%. Dicho de otro modo, 6 operaciones perdedoras seguidas —algo que es posible—, y no tendrá el capital suficiente como para ejecutar la misma operación otra vez. Sin duda, un 15% es siempre un tamaño de la posición demasiado grande teniendo en cuenta que el riesgo de llevar a cabo 6 malas operaciones consecutivas es sencillamente demasiado elevado.

C. *El tamaño de su posición es de un 6%, que es aproximadamente el tamaño correcto para una posición.* El tamaño de la posición no es de un 6% en este caso.

D. *No hay datos suficientes para calcular el tamaño de la posición.* Solo necesitas saber el capital de operaciones total y la exposición por operación para ser capaz de calcular el tamaño de la posición. En esta situación conoces ambos.

PREGUNTA 53 CUANDO UN OPERADOR TIENE UN VALOR ESPERADO DE 5,6$ POR POSICIÓN ABIERTA Y ARRIESGA 24$ POR POSICIÓN, ¿CUÁL SERÍA SU VALOR ESPERADO EXPRESADO EN EL TAMAÑO DE LA POSICIÓN (EVP)?

A. *5,6$.*

B. *23 céntimos de dólar.* **El VEP muestra el valor esperado por dólar arriesgado. Si arriesgas 24$ con un VE de 5,6$, eso significa que cada dólar que arriesgas tiene un valor esperado de 23 céntimos.**

C. *46 céntimos de dólar.*

D. *No hay datos suficientes para calcular el tamaño de la posición.* Se da el tamaño de la posición, que es de 24$.

PREGUNTA 54 UNA BUENA REGLA GENERAL PARA EL TAMAÑO MÁXIMO DE LA POSICIÓN SERÍA:

A. *1/5 del capital de operaciones total.* También conocido como tamaño de la posición "Al-Qaeda" debido a lo suicida de sus dimensiones.

B. *1/10 del capital de operaciones total.* Un tamaño de posición de un 10% es una inversión enorme por operación. ¿Qué pasaría si tuvieras un sistema de operaciones que produjera una operación ganadora el 50% de las veces? (el cual puede ser un sistema muy rentable, si arriesgas 1$ para ganar 2). Imagínate que lanzas una moneda tres veces seguidas y sale cruz todas las veces. Entonces habrías perdido el 30% de tu capital de operaciones.

C. *1/10 del porcentaje total de operaciones ganadoras.* **Una de las metas más importantes del tamaño de la posición es evitar que te arruines. Por lo tanto, el tamaño de tu posición tiene que ser capaz de protegerte cuando te encuentres en un bache. Si tienes un sistema que produzca una operación ganadora solo un 15% de las veces, no deberías tener un tamaño de posición del 5%. La razón es que, estadísticamente hablando, es bastante posible que obtengas malos resultados por un tiempo (ten en cuenta que el porcentaje total de operaciones ganadoras no es lo único que importa a la hora de determinar el tamaño máximo de tu posición; el valor esperado por posición también es importante).**

D. *1/100 de tu capital de operaciones total.* Eso depende de tu porcentaje de operaciones ganadoras. Un tamaño de la posición como ese puede ir bien para una estrategia de operaciones en tendencias que produzca operaciones ganadoras un 10% de las veces.

PREGUNTA 55 ¿HAY SITUACIONES DURANTE LAS CUALES NO DEBERÍAS OPERAR?

A. *Hay varias situaciones durante las cuales no deberías operar.* **Ningún operador está siempre en un momento óptimo y lo mejor para casi todo el mundo es mantenerse lejos de las operaciones cuando la cabeza está en otra parte.**

B. *Sí, las hay para operadores principiantes, pero los operadores experimentados deben ser capaces de operar bajo todas las circunstancias.* Si te fuerzas a ti mismo a adoptar este régimen, harás que todo sea más difícil para ti sin motivo. Los operadores experimentados suelen admitir rápidamente que ellos no operan cuando no pueden ofrecer su mejor juego.

C. *Eso depende de tu sistema de operaciones.* Al final tú estás—o deberías estar—en el centro de cada sistema de operaciones que utilices y tú eres quién puede cambiar, ajustar o circunvalar ese sistema. Por lo tanto, si operas cuando estás pasando un mal momento, las emociones negativas siempre van a encontrar la manera de infiltrarse en tu sistema.

PREGUNTA 56 LEER LIBROS Y ARTÍCULOS SOBRE EL FOREX Y PRACTICAR MUCHO NO ES TAN IMPORTANTE, PORQUE LOS MEJORES OPERADORES DE FOREX —ESOS QUE YA HAN GANADO MILLONES OPERANDO EN EL MERCADO FOREX ONLINE— ACTÚAN FUNDAMENTALMENTE EN BASE AL INSTINTO.

A. **Falso.**

B. *Verdadero.* ¿En serio? Debes de ser una de esas personas que todavía creían en Santa Claus cuando sus compañeros ya se estaban dando besos con lengua detrás de los matorrales de la escuela.

C. *Quizás.* Y... desapareció. ¡Puf!

PREGUNTA 57 UN OPERADOR EXITOSO PUEDE CERRAR TODAS LAS OPERACIONES CON BENEFICIOS.

A. *Verdadero.* Nadie está siempre en el lado correcto de la operación y en principio esto no es importante. No tienes que cerrar todas las posiciones con beneficios para obtener beneficios al final. Si solo produces operaciones ganadoras un 25% de las veces, pero solo arriesgas 30$ para ganar 150$, entonces perderías 3 x 30 = 90$ y ganarías 1 x 150$, lo que te daría un beneficio total de 60$ en 4 operaciones. Esto equivale a un VE de 15$ por operación, aunque solo generes operaciones ganadoras un 15% de las veces.

B. **Falso.**

PREGUNTAS EXTRA

PREGUNTA 58 ERES UN OPERADOR PRINCIPIANTE Y HAS PUESTO UNA POSICIÓN PARA ESPECULAR CON LA SUBIDA DEL EURO. HAS COLOCADO TU *STOP LOSS* A 30 *PIPS*. DESPUÉS DE ALREDEDOR DE UNA MEDIA HORA LA OPERACIÓN SE ACERCA MUCHO A TU *STOP LOSS*, PERO TIENES LA SENSACIÓN DE QUE EL PRECIO TODAVÍA SE VA A DAR LA VUELTA EN TU DIRECCIÓN. ¿QUÉ HARÍAS?

A. *Un operador exitoso opera en base al instinto. Escucharías a tu intuición y moverías esa stop loss hacia abajo para que la operación tenga más espacio.* Eso podría ser cierto en el caso de un operador muy experimentado, pero no para un principiante que acabe de entrar en escena. No muevas esa *stop* y acepta las pérdidas.

B. *Mirarías a ver si hay noticias que apoyen a tu predicción. Si es así, moverías hacia arriba la stop loss. Si no, moverías la stop loss solo si la corazonada persiste.* Esto es tan solo buscar razones para no tener que aceptar el golpe. Si buscas motivos para mantener una operación abierta, siempre los vas a encontrar, porque los precios en el mercado Forex se ven influenciados por multitud de factores y opiniones contradictorias.

C. *Nada.* **Eres un operador principiante, no un veterano con experiencia cuyo instinto para las operaciones se desarrolló en aquellos tiempos en los que un "iPhone" no era nada más que algo que un niño de 3 años podría decir. Todavía no te conoces a ti mismo como operador lo suficiente como para ser capaz de analizar tus motivaciones racionalmente. Para ti, como operador novel, la *stop loss* debe ser sagrada, algo que debes adorar como el mayor regalo que Dios le haya hecho jamás a los operadores (bueno, o como uno de ellos, en cualquier caso).**

D. *Abrirías una segunda operación con el mismo target que la primera. Dejarías intacta la stop loss de la primera operación.* También conocido como engañarte a ti mismo. Al actuar así no tocas la *stop* —con lo que no rompes la regla de no mover la *stop loss* cuando la operación se vuelva en tu contra—, pero abrir una nueva posición tiene el mismo efecto que mover la *stop loss*.

PREGUNTA 59 ERES UN OPERADOR INTRADIARIO Y TIENES UN DÍA COMPLICADO. HAS ABIERTO SEIS OPERACIONES ANTES Y LAS SEIS HAN SIDO CERRADAS A LA FUERZA. ESTÁS BASTANTE FRUSTRADO. ¿QUÉ HACES?

A. *Te armas de valor y abres otras seis operaciones nuevas.* Estás frustrado y abrir seis operaciones que tengan que resultar ganadoras a la fuerza, probablemente no hará que te sientas mejor. Simplemente, este no es el mejor momento para que operes. Déjalo todo por hoy y vete a hacer otra cosa.

B. *Te armas de valor, abres otras seis operaciones nuevas y les das más espacio que a las seis anteriores (pondrías tu stop loss aún más lejos).* Si la respuesta A era absurda, la B lo es incluso más. ¿Tu posición ha sido cerrada a la fuerza seis veces seguidas y la solución que se te ocurre es abrir otras seis operaciones nuevas al momento y colocar la *stop loss* aún más lejos? Muy inteligente; el típico caso de un operador que no puede aceptar su pérdida. Simplemente da el día por finalizado y dedícate a hacer otras cosas.

C. *Lo dejas todo por hoy.* **Exactamente.**

PREGUNTA 60. ERES UN OPERADOR INTRADIARIO. HACE UNA HORA ABRISTE UNA POSICIÓN EN BASE A UN BUEN ANÁLISIS, PERO HASTA AHORA NO HA OCURRIDO CASI NADA. EL PRECIO ASCENDIÓ UN POCO, BAJÓ UN POCO, LUEGO SUBIÓ UN POCO OTRA VEZ, ETC. NI SIQUIERA SE HA ACERCADO A TU *STOP LOSS* O A TU *PROFIT TARGET*. ¿QUÉ HACES?

A. *Cierro la posición y lo dejo todo por hoy.* ¿Y por qué querrías hacer eso? De todos modos, todavía no ha ocurrido nada. Tu set-up no ha sido ni confirmado ni rechazado. Eso significa que cerrarías la posición en base a qué, ¿a la impaciencia? Es una mala razón.

B. *Nada.* **Un operador dijo una vez que observar la evolución de los precios era igual que ver como se seca la pintura. Es un proceso lento. Quizás esto pueda parecer aburrido para algunos, pero es lo que es. El hecho de que el precio no se mueva mucho, no es una razón para cerrar la posición.**

C. *Cierro la posición y busco un terreno más fértil.* No hay razón para hacer esto. No se trata de ir rápido, sino de llegar a la meta, punto.

Explicación de los resultados de la prueba

60 RESPUESTAS CORRECTAS

¡Eres un dios del Forex rodeado de simples mortales! Deja que aprendamos de ti. Probablemente ya te dedicarás a hacer pruebas retrospectivas, estudios de los resultados y a evaluar tu sistema de operaciones. Por tanto, mencionarlos será seguramente innecesario, ¡o incluso insultante! Eres la clase de operador que sin duda llegará muy lejos.

52-59 RESPUESTAS CORRECTAS

Bien, es posible que todavía no seas un dios, pero como mínimo eres un príncipe del Forex, pues cuentas con un sentido innato y natural para captar los diferentes elementos que son importantes a la hora de operar en el mercado Forex. Probablemente podrías dejar tu trabajo ahora mismo y pedir una cita con el banco para solicitar una hipoteca y comprar una casa más grande (no te olvides de llevar los resultados de esta prueba a la cita para demostrar tu excepcional talento como operador).

45-51 RESPUESTAS CORRECTAS

No está nada mal. Ahora que ya conoces las bases, ha llegado la hora de ir un poco más allá para que puedas sacarle partido a tus conocimientos. Lee algunos libros y participa activamente en uno o más foros de Forex en internet para acelerar tu ascenso en la curva de aprendizaje.

35-44 CORRECT ANSWERS

Bien, sin duda no eres de los más atrasados en lo que se refiere a operar en el mercado Forex, pero aún te queda mucho trabajo para hacer. Quizás deberías leer este libro otra vez y hacer algunas preguntas en el foro de *www.forexinfo.es* sobre las partes con las que tienes más problemas. ¡Te sería muy útil identificar tus puntos débiles y trabajar en ellos!

20-34 RESPUESTAS CORRECTAS

¡Vuelve a la escuela! Desafortunadamente, no todo el mundo puede ser un ganador en la pista de operaciones. Lee este libro otra vez, quizás en esta ocasión con las gafas puestas (o las lentes de contacto).

No deberías empezar a operar en la realidad aún (lo que quiere decir con dinero real). Tan solo abre una cuenta de prueba con un bróker para practicar sin arriesgar tu capital de operaciones.

0-19 RESPUESTAS CORRECTAS

Bien, sin duda eres un zote en lo que se refiere a operar en el mercado Forex. Debo admitir que dar una respuesta equivocada a tantas preguntas es, de algún modo, un logro, pero por desgracia no hay premio de consolación. Quizás es que estabas un poco (o muy) borracho cuando respondiste a las preguntas, o puede que pensaras que se trataba de una prueba de citas o algo similar; sea lo que sea, el hecho es que te ha salido fatal.

Como este es un país libre (y espero que el tuyo lo sea también), nadie puede impedir que operes, pero quizás habría que hacer una excepción para personas como tú, aunque solo sea por tu propio bien. Incluso sería aconsejable que evitaras las cuentas de prueba, porque aunque solo haya dinero ficticio involucrado, al final encontrarás la manera de perder dinero real de todos modos.

Pequeño léxico para el mercado Forex

ABRIR UNA POSICIÓN

Esto significa comprar o vender uno o más lotes. Por ejemplo, puedes abrir una posición en el mercado Forex comprando 1 minilote EUR/USD.

LARGO O CORTO

Siempre que quieras especular con que una divisa va a subir de valor, vas en largo en esa divisa. De un modo inverso, a especular con va a caer se le llama ir en corto (también se conoce como *shorting* o tomar posiciones cortas) en la moneda.

STOP LOSS (DETENER PÉRDIDAS)

Este es un precio predeterminado, en algún lugar bajo el umbral de rentabilidad, al cual se cierra una posición para evitar futuras pérdidas. Por ejemplo, imagínate que compras 1 lote de GBP/USD a 1,6250 dólares, y colocas una *stop loss* en 1,6180 dólares, entonces tu pérdida máxima sería de 70 *pips*. En otras palabras, una *stop loss* te da la posibilidad de determinar, por adelantado, cuántas pérdidas exactamente estás dispuesto a asumir para una posición dada. Especialmente como principiante, siempre debes colocar una *stop loss*.

TAKE PROFIT (TOMA DE BENEFICIOS)

Un precio predeterminado, en un lugar por encima del umbral de rentabilidad, al cual se cierra una posición para recoger los beneficios. Funciona igual que el *stop loss*, solo que en este caso la posición se mueve a tu favor. Muchos operadores colocan una *take profit* (también conocida como *profit target* o toma de beneficios) para evitar actuar demasiado pronto por miedo, o demasiado tarde por codicia. Poner una *take profit* no es tan esencial como poner una *stop loss*, pero por norma general los principiantes harían bien en utilizar la opción *take profit*, porque les inculca el hábito de operar de acuerdo con un plan predeterminado, que es uno de los prerrequisitos más importantes para tener éxito como operador.

BULLS Y BEARS (ALCISTAS Y BAJISTAS)

Tradicionalmente, el sobrenombre que se les da a los operadores que piensan que el mercado va a subir es 'bulls' (alcistas), mientras que a aquellos que piensan que va a bajar, se les llama 'bears' (bajistas). Por algo no es casual que haya una estatua de un gran <u>toro de bronce</u> en la plaza de Wall Street en la ciudad de Nueva York; esta simboliza el 'optimismo del capitalismo' (*bullishness of capitalism*).

BID Y ASK (VENTA Y COMPRA)

El bróker siempre ofrece dos precios para un par de divisas, el de venta y el de compra (bid y ask). El precio de bid, siempre es el más bajo de los dos y es el precio por vender o tomar posiciones cortas en un par de divisas. El precio de ask te dice a qué precio puedes comprar el par de divisas. A la diferencia entre los dos precios se le denomina *spread*.

SPREAD

La diferencia entre los precios de la compra y de la venta, que es además lo que el bróker se embolsa normalmente por los servicios prestados (es decir, por abrir posiciones en tu nombre). De esta manera, cuando el precio de venta por el EUR/USD es de 1,4000 (bid) y el de compra de 1,4003 (ask), el spread es de 3 *pips*.

DIVISA BASE Y DIVISA COTIZADA

Como hemos dicho, siempre se opera con divisas en pares. Puedes comerciar el euro frente al dólar, la libra, el yen, etc. La primera divisa que se menciona en un par de divisas es la *divisa base*. Esta es la divisa que estás comprando de facto cuando compras un lote. Por ejemplo, cuando compras un lote EUR/USD, esto significa que vas en largo en el euro. La segunda divisa, en la cual se expresa la divisa base, se llama *divisa cotizada*. Por lo tanto, en el par de divisas EUR/USD, el dólar es la divisa cotizada y el valor del euro se expresa en dólares.

DIVISAS CRUZADAS

Estos son los pares de divisas en los cuales el dólar estadounidense ni es la divisa base, ni la cotizada. Algunos ejemplos son: EUR/GBP, EUR/JPY, GBP/JPY. Como estos pares de divisas son menos *líquidos* (es decir, que se comercian menos), su *spread* es mayor.

GRÁFICO DE VELAS

El modo más popular de registrar el desenvolvimiento del precio de un par de divisas es mediante la utilización de un gráfico de velas. Este está compuesto por 'velas' de dos colores (normalmente rojo y verde), uno para representar un periodo de alza del precio, y el otro un periodo de caída de precios. El punto más bajo de la vela muestra el precio más bajo que se alcanzó durante el periodo, mientras que el punto más alto de la vela muestra el precio más alto alcanzado. Una vela verde significa que el precio se cerró en el extremo superior del cuerpo (la parte ancha) de la vela y una vela roja significa que el precio se cerró en el extremo inferior del cuerpo.

Cuenta la leyenda que el gráfico de velas fue inventado en el siglo XVII por un comerciante de arroz japonés que estaba buscando un modo mejor de entender el desarrollo del precio de, bueno, del arroz.

Se ha escrito mucho acerca de los diferentes patrones que se pueden distinguir en los gráficos de velas. Por esa razón no tendrás problemas para encontrar un montón de información si quieres saber más sobre los 'Tres Soldados Blancos' (Three White Soldiers), la 'Ichimoku Cloud' y otros maravillosos patrones de gráficos que parecen haber salido de una versión adulta de Pokémon.

APALANCAMIENTO

El apalancamiento es la ratio entre el valor subyacente de las transacciones y la cantidad de dinero que se invierte realmente para cubrir pérdidas. Esto hace que especular con un instrumento financiero resulte mucho más fácil para operadores que solo tengan un capital pequeño para operar, porque solo necesitan una fracción de la cantidad total de dinero que están controlando.

Ejemplo: Si vas a utilizar un apalancamiento de 400:1 (el apalancamiento máximo para la mayoría de los brókers de Forex) solo necesitarás 2,50 dólares de fondos disponibles para abrir un microlote de EUR/USD.

1 Microlote = 1000 unidades

Apalancamiento 400:1

Fondos disponibles necesarios = 1000/400 = 2,50 dólares

Dado que un *pip* son 10 céntimos cuando compras microlotes, con 2,50 dólares puedes comprar un fondo de 25 *pips,* que el precio puede mover en contra de tu posición (antes de que se cierre automáticamente). Dicho de otra manera, con un apalancamiento de 400:1 puedes controlar divisas por un valor de 1.000 dólares con una inversión de tan solo 2,50 dólares.

Evidentemente, el apalancamiento es un arma de doble filo, porque magnifica tanto las pérdidas como las ganancias. También es lo que abre el mercado Forex para los operadores pequeños, los cuales quieren operar en el mercado financiero de un modo más agresivo, de modo que puedan obtener mayores beneficios.

LOTE ESTÁNDAR

Una unidad de medida que representa 100.000 unidades de una divisa. Desde hace un tiempo a esta unidad de medida se le han unido los minilotes (10.000 unidades) y los microlotes (1.000 unidades).

PIP

El precio más pequeño que se mide para un par de divisas. El cuarto número tras la coma decimal para la mayoría de los pares de divisas (por ejemplo, para el EUR/USD: 1,4522 dólares)

RESISTENCIA Y SOPORTE

Los niveles de precios que un par de divisas encontró difíciles de romper en el pasado o que forman una barrera natural, como el nivel psicológico de los 1,5000 dólares para el EUR/USD.

Los puntos de resistencia son los niveles de precios que un par de divisas al alza tiene problemas para romper. Cuanto más a menudo se detenga el rally de un par de divisas en un nivel de resistencia específico, más fuerte se dirá que es la resistencia.

Lo mismo ocurre con el soporte, pero en este caso cuando los precios caen.

APÉNDICE V
Bibliografía

Trading diario en el mercado de divisas: estrategias de análisis técnico y fundamental para beneficiarse de las oscilaciones del mercado (Day trading the currency market: technical and fundamental strategies to profit from market swings)
Kathy Lien – Millennium Capital – 2007

Technical analysis of the currency market: classic techniques for profiting from market swings and trader sentiment
Boris Schlossberg – John wiley & Sons – 2006

Forex Conquered: high probability systems and strategies for active traders
John L. Person – John Wiley & Sons – 2007

The logical trader: applying a method to the madness
Mark B. Fisher – John Wiley & Sons – 2002

Trading en la zona: Domine el mercado con confianza, disciplina y actitud ganadora (Trading in the zone: master the market with confidence, discipline and a winning attitude)
Mark Douglas – Valor Editions – 2010

Tener éxito en Trading (Trade your way to financial freedom)
Van K. Tharp – Valor Editions – 2017

Los ensayos de Warren Buffett: lecciones para el mundo empresarial (The essays of Warren Buffet: Lessons for Corporate America)
Warren Buffett, Lawrence A. Cunningham – Valor Editions – 2015

Las velas japonesas: Una guía contemporánea de las antiguas técnicas de inversión de Extremo Oriente (Japanese candlestick charting techniques: a contemporary guide to the ancient investment techniques of the Far East)
Steve Nison – Valor Editions – 2014

Candlestick Charting Explained: Timeless techniques for trading stocks and futures
Gregory Morris – McGraw-Hill – 3rd Edition – 2006

Los magos del mercado (Market Wizards)
Jack D. Schwager – Valor Editions – 2016

Las Bandas de Bollinger (Bollinger on Bollinger Bands)
John A. Bollinger – Valor Editions – 2006

Nuevos conceptos sobre sistemas técnicos de operación en bolsa (New Concepts in Technical Trading Systems)
J. Welles Wilder Jr. – Trend Research – 1st Edition – 1978

The Complete Turtle Trader: The Legend, the Lessons, the Results
Michael W. Covel – Gesmovasa – 1988

www.ingramcontent.com/pod-product-compliance
Lightning Source LLC
Chambersburg PA
CBHW070505200326
41519CB00013B/2719